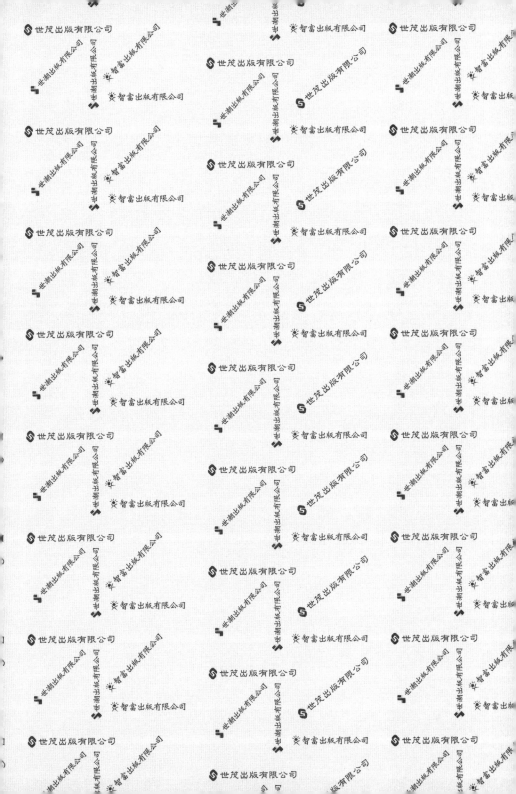

世界第一簡單
統計學 因素分析篇

高橋 信◎著　陳昭蓉◎譯
前台灣師範大學數學系教授兼主任 洪萬生◎審訂
Trend Pro◎漫畫　井上Iroha◎製圖

作者序

本書的兩大主題是**因素分析**和**主成分分析**。

本書設定的讀者包括：

● 讀完《世界第一簡單統計學》或有同等知識的人

● 對因素分析有興趣的人

● 對主成分分析有興趣的人

● 對問卷調查有興趣的人

本書內容為：

● 第1章 問卷的基礎知識

● 第2章 問卷和問題

● 第3章 數學的基礎知識

● 第4章 主成分分析

● 第5章 因素分析

每一章都包含兩個部分：

● 漫畫

● 漫畫的補充說明

最後還有附錄，介紹一些著名的分析方式，有些方法也會出現在《世界第一簡單統計學》、《世界第一簡單統計學【迴歸分析篇】》。

本書會詳述計算過程，擅長數學的讀者可以仔細閱讀，不擅長數學的讀者只要大致瀏覽一下就可以了。換句話說，只要掌握「大致過程」，知道「雖然不懂那是什麼意思，計算過程也很複雜，但是只要經過這些步驟就能求出答案」即可，不須勉強自己馬上理解所有算式。不要急，慢慢來。可是，請大家務必瀏覽過一次。

相較於《世界第一簡單統計學》、《世界第一簡單統計學【迴

歸分析篇】》解說的內容，本書主題「因素分析」的計算過程非常繁瑣，有不少讀者一看到計算過程就會覺得「這麼複雜……連看都不想看」。請大家忍耐，不要放棄。因素分析的計算過程的確繁瑣，不過，只要具備理工科系大學入學考的數學知識，應該就不會覺得「難解」。換句話說，對於不擅長數學的讀者，可能還是會感到有點困難。總而言之，不要急，慢慢來。

有時候因為書上的數值經過四捨五入，可能會與讀者自己計算的數值有一點差異，這點請大家包涵。

感謝Omsha公司開發局給我執筆的機會、Trend Pro公司盡全力將我的手稿化為漫畫；同時也感謝負責詳細計算過程的re_akino，以及負責作畫的井上Iroha。最後謝謝日本立教大學社會學系酒折文武老師給我的許多建議。在此致上誠摯的謝意。

2006年10月　高橋 信

目錄

出場人物介紹

高津琉衣

大學一年級，樂天開朗，喜怒哀樂起伏很大，
也很專情。在「諾諾咖啡廳」打工。

高津浩志

高津琉衣的爸爸，任職
於市場行銷公司，擔任
部長。過度溺愛獨生
女，有時自己也顯得孩
子氣。

山本衛

高津浩志的下屬，不修
邊幅。曾經擔任高津琉
衣的家庭教師，教授統
計學。現在和高津琉衣
處於「友達以上戀人未
滿」的關係。

五十嵐美羽

就讀大學三年級，是高
津琉衣打工的朋友。以
前碰到數學就頭痛，後
來出現轉機，愛上統計
學。

宮野麗莎

就讀於研究所，是高津
琉衣打工的朋友。性格
帥氣，像大姊姊似的。
聰明好學，每天忙著研
究。

前言

你和我的因素分析

多虧山本衛當家教時盡責認真，

你現在才能進大學唸書……

琉衣還是乖乖留在日本唸書吧！

怎麼了？

我也要跟他走，去國外留學！

站住！

山本衛在那兒有很多事情得做！

可是！

你去了只會妨礙他！

呃…… 說得對…

爸爸……

怎麼了？

我拚了！

嘻

啊？
什麼？

咻——

Narita Airport Terminal1

呼～

大家辛苦了！

今天店裡忙翻了！

今日推薦餐點

是啊——

麗莎學姊！

?

怎麼啦？只要不是借錢都行。

不是借錢啦！

有件事我想找妳商量……

我想學因素分析……我設計了問卷，打算請店裡的客人填寫……

在哪在哪？給我看看！

啊，我也想看……

顧客滿意度調查

填寫問卷之後，可以到櫃檯領取折價券！

性別	男・女	年齡	歲
職業		年薪	萬日圓

問題：店裡的氣氛如何？

　　　　　　　　　　　　非常不好　不好　普通　好　非常好

問題：服務生的制服和服務態度如何？

　　　　　　　　　　　　非常不好　不好　普通　好　非常好

問題：店裡的紅茶如何？

　　　　　　　　　　　　非常不好　不好　普通　好　非常好

問題：價格如何？　　　　　　　　　　便宜　普通　貴

問題：請寫出對以下四種茶的喜歡程度，最喜歡的是 1，最不喜歡的是 4。

1.純紅茶	→	[　]位
2.檸檬紅茶	→	[　]位
3.奶茶	→	[　]位
4.玫瑰花茶	→	[　]位

問題：你喜歡到咖啡廳嗎？　　　　　　喜歡　不喜歡

琉衣……

發抖

發抖

是！

這種問卷根本沒有人願意回答，更別說要做因素分析了！

什麼！？我嘔心瀝血設計的問卷耶——！

你知道因素分析是什麼嗎？

聽過……

耶！

我也學過統計……

不是做問卷調查蒐集數據就能做因素分析！

而且因素分析這種分析方法可沒這麼簡單！

是喔……真的嗎！？

麗莎學姊，教我吧！！

你在研究所專攻統計，一定很熟吧！

咦——！？

以前好像出現過類似情況……

喔

飛

撲

呵呵……
有人比我更適合教你。

咦？
誰啊？

美羽！

由你負責教琉衣因素分析！

我？

美羽學姊也懂統計嗎？

真令人意外～

你在說什麼？
美羽很優秀的！

這……我還比不上學姊呢……

她哥哥在市場行銷公司上班，也是我學生。

琉衣知道因素分析是一種「**多變量分析**」嗎？

多變量分析？

沒聽過啊……那……你做過兩個變數的分析嗎？

做過！做過！

單相關係數和相關比以及克萊姆（Cramer）的關聯係數！

多變量分析是能分析含有許多變數的數據的分析方法。

	變數1 ↓	變數2 ↓	變數3 ↓	…	變數p ↓
	性別	年齡	職業	…	喜歡咖啡廳嗎？
回答者1	女	19歲	學生	…	喜歡
回答者2	女	27歲	家庭主婦	…	不喜歡
⋮	⋮	⋮	⋮	…	⋮
回答者n	男	32歲	上班族	…	喜歡

原來如此。

除了因素分析，還有很多種類。

─ 多變量分析 ─
- 因素分析
- 重迴歸分析
- Logistic 迴歸分析
- 主成分分析
- 群落分析
- 結構方程模型分析　等

哇，這麼多！

※詳細內容請參照附錄（第219頁）

因素分析要找的就像「潛在能力」、「潛在意識」……

這種分析方法可以找出隱藏於數據背後的東西。

什麼意思？

簡單說，就是從問卷調查來的結果，

現在有五個變數

凸顯問卷作答者背後的「想法」。

這種想法

那種想法

有這麼多種「想法」嗎……

到底是什麼「想法」……

嗯嗯

原來如此！

美羽老師的課很棒吧！？

對！

哪裡稱得上老師啦！？

以前美羽也是看到統計學就頭痛，

所以她知道哪些部分比較困難，得要多注意。

她很適合當琉衣的老師喔！

老師，請多多指教！

教我因素分析吧！

拜託！

第**1**章

問卷的基礎知識

你聽過「母群體」和「樣本」嗎？

當然聽過！

研究對象的全體集團稱爲母群體。

從母群體選出一些個體，組成的集團就是樣本！

母群體

選出

樣本

沒錯！

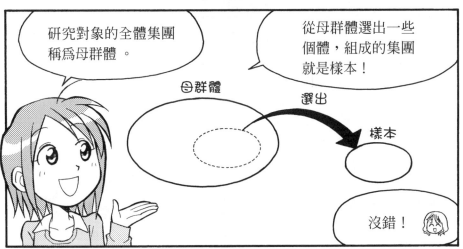

全部調查 清楚

母群體

從一部分推測整體

？ ？ ？ ？ ？ ？ ？ ？ ？

樣本

請注意……

以整個母群體爲調查對象，稱爲「全數調查」；

以樣本爲調查對象，稱爲「抽樣調查」。

了解～

？

17

樣本必須是「母群體的精巧縮小版」，抽樣調查才有意義。

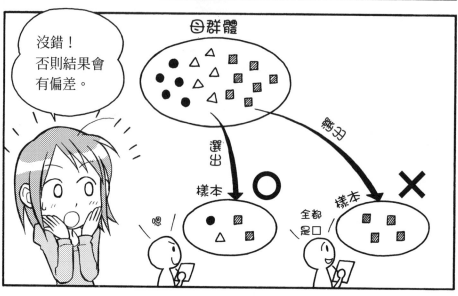

沒錯！
否則結果會有偏差。

母群體

選出

羽出

樣本 ○

嗯

樣本 ×

全都是□

利用「抽樣法」可避免出現偏差！

母群體

抽樣法是選出樣本方法的總稱，其實還包含許多種類。

今天介紹其中最具代表性的四種：
「單純隨機抽樣法」
「分層隨機抽樣法」
「兩段隨機抽樣法」
「分層兩段隨機抽樣法」

嗯！

以這個主題為例：

好

從日本全國選出1800人

①單純隨機抽樣法

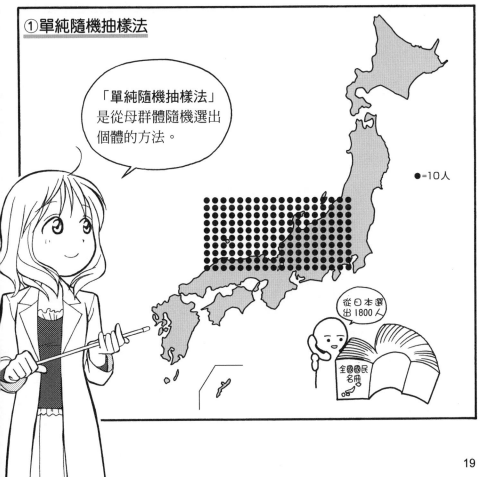

「單純隨機抽樣法」是從母群體隨機選出個體的方法。

●=10人

從日本選出1800人

全國國民名冊

就和名稱一樣，很單純耶……

沒錯！

可是，如果拿不到屬於母群體「全部人」的名冊，就無法抽樣，所以很難實踐這種方法。

原來如此……

咚！

全國名冊

這種方法適合「能取得母群體的全體名冊，可是要做全數調查人數又太多」的情況，例如：「某大公司員工的意見調查」。

員工名冊

嗯

②分層隨機抽樣法

接下來是「分層隨機抽樣法」！

分層隨機抽樣法

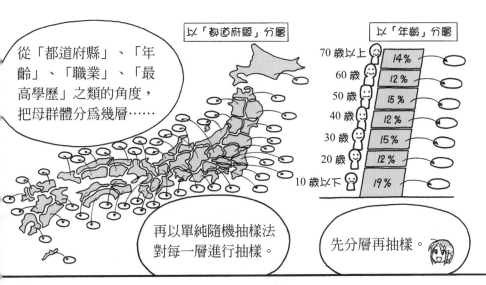

從「都道府縣」、「年齡」、「職業」、「最高學歷」之類的角度，把母群體分為幾層……

以「都道府縣」分層

以「年齡」分層

70 歲以上	14%
60 歲	12%
50 歲	15%
40 歲	12%
30 歲	15%
20 歲	12%
10 歲以下	19%

再以單純隨機抽樣法對每一層進行抽樣。

先分層再抽樣。

有時不同層的回答結果可能會相差很多。

「支持哪一個政黨」的結果會因為「地區」而異。

「喜歡哪一個藝人」的結果會因為「年齡」而異。

嗯！

能事先預測這種情況的時候，適合這種抽樣法。

嗯嗯！原來如此……

現在就以「都道府縣」來分層，試試看分層隨機抽樣法吧～～

好！！

從各個都道府縣選出的人數如下：

	人口	比例	選出人數		人口	比例	選出人數
北海道	5,600,000	0.045	80	三重縣	1,800,000	0.014	30
青森縣	1,400,000	0.011	20	滋賀縣	1,300,000	0.010	20
岩手縣	1,400,000	0.011	20	京都府	2,600,000	0.021	40
宮城縣	2,300,000	0.018	30	大阪府	8,700,000	0.070	130
秋田縣	1,100,000	0.009	20	兵庫縣	5,500,000	0.044	80
山形縣	1,200,000	0.010	20	奈良縣	1,400,000	0.011	20
福島縣	2,100,000	0.017	30	和歌山縣	1,000,000	0.008	10
茨城縣	2,900,000	0.023	40	鳥取縣	600,000	0.005	10
栃木縣	2,000,000	0.016	30	島根縣	700,000	0.006	10
群馬縣	2,000,000	0.016	30	岡山縣	1,900,000	0.015	30
埼玉縣	6,900,000	0.055	100	廣島縣	2,800,000	0.022	40
千葉縣	5,900,000	0.047	90	山口縣	1,500,000	0.012	20
東京都	12,000,000	0.096	170	德島縣	800,000	0.006	10
神奈川縣	8,400,000	0.067	120	香川縣	1,000,000	0.008	10
新潟縣	2,400,000	0.019	30	愛媛縣	1,400,000	0.011	20
富山縣	1,100,000	0.009	20	高知縣	800,000	0.006	10
石川縣	1,100,000	0.009	20	福岡縣	5,000,000	0.040	70
福井縣	800,000	0.006	10	佐賀縣	800,000	0.006	10
山梨縣	800,000	0.006	10	長崎縣	1,500,000	0.012	20
長野縣	2,200,000	0.018	30	熊本縣	1,800,000	0.014	30
岐阜縣	2,100,000	0.017	30	大分縣	1,200,000	0.010	20
靜岡縣	3,700,000	0.030	50	宮崎縣	1,100,000	0.009	20
愛知縣	7,000,000	0.056	100	鹿兒島縣	1,700,000	0.014	20
				沖繩縣	1,300,000	0.010	20
				合計	124,600,000	1	1800

$$\frac{\text{該都道府縣的人口}}{\text{總人口}} = \frac{7000000}{124600000} = 0.056$$

（參考 2006 年總務省統計局資料製作）

選出的總人數×比例＝ $1800 \times 0.056 = 101.1 ≒ 100$

從愛知縣選 100 人，從東京都選 170 人。

③兩段隨機抽樣法

「兩段隨機抽樣法」是分成兩階段抽樣的方法！

兩階段？

以剛才的例子來說，第一階段是先選出都道府縣……

（實際上以都道府縣之外的角度來選擇也可以）

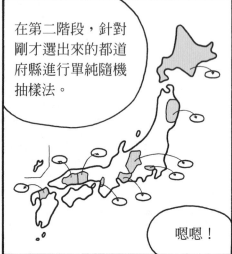

在第二階段，針對剛才選出來的都道府縣進行單純隨機抽樣法。

嗯嗯！

一起看看詳細步驟吧！

好！

目前 47 個都道府縣
的人口大致如下：

	人口	累計人口	累計人口的下限	累計人口的上限		人口	累計人口	累計人口的下限	累計人口的上限
北海道	5,600,000	5,600,000	1	5,600,000	三重縣	1,800,000	78,200,000	76,400,001	78,200,000
青森縣	1,400,000	7,000,000	5,600,001	7,000,000	滋賀縣	1,300,000	79,500,000	78,200,001	79,500,000
岩手縣	1,400,000	8,400,000	7,000,001	8,400,000	京都府	2,600,000	82,100,000	79,500,001	82,100,000
宮城縣	2,300,000	10,700,000	8,400,001	10,700,000	大阪府	8,700,000	90,800,000	82,100,001	90,800,000
秋田縣	1,100,000	11,800,000	10,700,001	11,800,000	兵庫縣	5,500,000	96,300,000	90,800,001	96,300,000
山形縣	1,200,000	13,000,000	11,800,001	13,000,000	奈良縣	1,400,000	97,700,000	96,300,001	97,700,000
福島縣	2,100,000	15,100,000	13,000,001	15,100,000	和歌山縣	1,000,000	98,700,000	97,700,001	98,700,000
茨城縣	2,900,000	18,000,000	15,100,001	18,000,000	鳥取縣	600,000	99,300,000	98,700,001	99,300,000
栃木縣	2,000,000	20,000,000	18,000,001	20,000,000	島根縣	700,000	100,000,000	99,300,001	100,000,000
群馬縣	2,000,000	22,000,000	20,000,001	22,000,000	岡山縣	1,900,000	101,900,000	100,000,001	101,900,000
埼玉縣	6,900,000	28,900,000	22,000,001	28,900,000	廣島縣	2,800,000	104,700,000	101,900,001	104,700,000
千葉縣	5,900,000	34,800,000	28,900,001	34,800,000	山口縣	1,500,000	106,200,000	104,700,001	106,200,000
東京都	12,000,000	46,800,000	34,800,001	46,800,000	德島縣	800,000	107,000,000	106,200,001	107,000,000
神奈川縣	8,400,000	55,200,000	46,800,001	55,200,000	香川縣	1,000,000	108,000,000	107,000,001	108,000,000
新潟縣	2,400,000	57,600,000	55,200,001	57,600,000	愛媛縣	1,400,000	109,400,000	108,000,001	109,400,000
富山縣	1,100,000	58,700,000	57,600,001	58,700,000	高知縣	800,000	110,200,000	109,400,001	110,200,000
石川縣	1,100,000	59,800,000	58,700,001	59,800,000	福岡縣	5,000,000	115,200,000	110,200,001	115,200,000
福井縣	800,000	60,600,000	59,800,001	60,600,000	佐賀縣	800,000	116,000,000	115,200,001	116,000,000
山梨縣	800,000	61,400,000	60,600,001	61,400,000	長崎縣	1,500,000	117,500,000	116,000,001	117,500,000
長野縣	2,200,000	63,600,000	61,400,001	63,600,000	熊本縣	1,800,000	119,300,000	117,500,001	119,300,000
岐阜縣	2,100,000	65,700,000	63,600,001	65,700,000	大分縣	1,200,000	120,500,000	119,300,001	120,500,000
靜岡縣	3,700,000	69,400,000	65,700,001	69,400,000	宮崎縣	1,100,000	121,600,000	120,500,001	121,600,000
愛知縣	7,000,000	76,400,000	69,400,001	76,400,000	鹿兒島縣	1,700,000	123,300,000	121,600,001	123,300,000
					沖繩縣	1,300,000	124,600,000	123,300,001	124,600,000
					合計	124,600,000			

（參考 2006 年總務省統計局資料製作）

25

| 步驟1 | 利用 Excel 的「Rand」函數，求出10個在1以上、124,600,000 以下的亂數。 |

亂數 1	104,333,307
亂數 2	8,007,588
亂數 3	35,224,073
亂數 4	72,352,247
亂數 5	3,951,586
亂數 6	114,308,209
亂數 7	3,724,893
亂數 8	100,701,197
亂數 9	62,591,858
亂數 10	89,167,908

步驟2 看步驟1求到的亂數介於哪個地區的「累計人口下限」和「累計人口上限」之間。利用 Excel 的「Rand」函數，求出 10 個在 1 以上、124,600,000 以下的亂數。

亂數 1	104,333,307	⟶	廣島縣
亂數 2	8,007,588	⟶	岩手縣
亂數 3	35,224,073	⟶	東京都
亂數 4	72,352,247	⟶	愛知縣
亂數 5	3,951,586	⟶	北海道
亂數 6	114,308,209	⟶	福岡縣
亂數 7	3,724,893	⟶	北海道
亂數 8	100,701,197	⟶	岡山縣
亂數 9	62,591,858	⟶	長野縣
亂數 10	89,167,908	⟶	大阪府

「124,600,000」是 47 個都道府縣的總人口數。

咦？北海道出現兩次。

還是得按照選出來的結果喔。

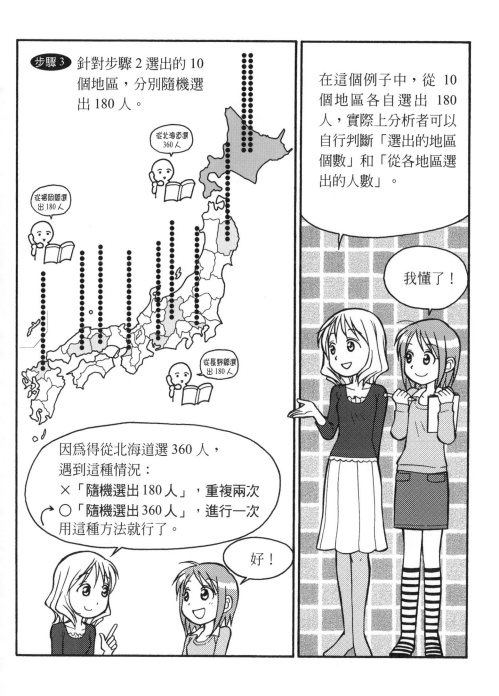

步驟3　針對步驟2選出的10個地區，分別隨機選出180人。

從北海道選
360人

從福岡縣選
出180人

從長野縣選
出180人

因為得從北海道選360人，
遇到這種情況：
× 「隨機選出180人」，重複兩次
○ 「隨機選出360人」，進行一次
用這種方法就行了。

好！

在這個例子中，從10個地區各自選出180人，實際上分析者可以自行判斷「選出的地區個數」和「從各地區選出的人數」。

我懂了！

兩段隨機抽樣法比單純隨機抽樣法和分層隨機抽樣法更容易實行。

為什麼？

只要有第一階段選出的地區名冊就行了呀！

真的耶！

不過還是有些問題……

那就是在第一階段，必須知道每個地區的正確人數才行。

為了步驟1吧！

在第一階段沒有選到的地區，居民的意見會被忽略。

原來如此。

北陸地區呢？

四國地區呢？

④分層兩段隨機抽樣法

最後介紹「分層兩段隨機抽樣法」！

分層兩段抽樣法

分層兩段隨機抽樣法正是結合分層隨機抽樣法和兩段隨機抽樣法的方法，我以插圖簡單說明。

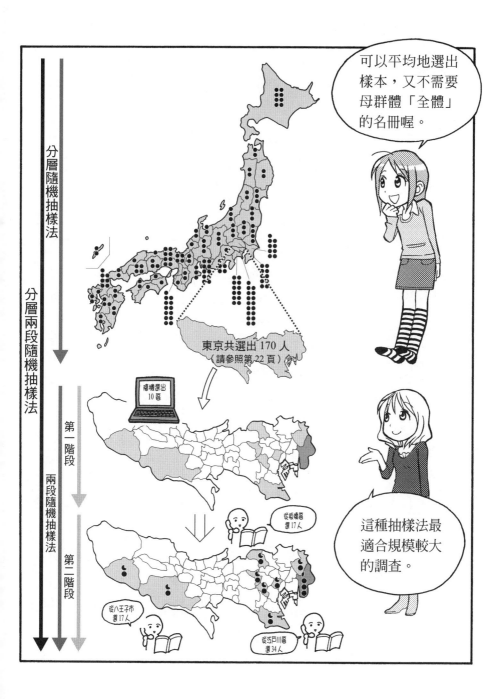

❀ 2. 調查方法 ❀

介紹完抽樣法,再說明調查方法。

麻煩妳了!

調查方法也有很多種。

喔——

郵寄調查
寄發問卷請受訪者寄回

網路調查
利用網路

訪談調查
和受訪者見面,當場訪問

放置調查
〇月〇日我會來收回問卷
在回收期限之前填寫

電話調查
按照名冊打電話

亂數數位發號調查(RDD調查)
(Random Digit Dialing)
以亂數排成的電話號碼打電話

每一種調查方法都很重要,在此詳細介紹最具代表性的郵寄調查和網路調查的特色。

好!

	郵寄調查 把問卷寄給受訪者，請受訪者填寫後寄回的方法	網路調查 **自由參加型** 非特定多數的人直接上網回答的方法 **試用者型** 由一群專屬的試用者上網回答的方法
地區和名冊	可針對廣泛地區的人進行調查。必須寄送問卷，所以需要地址名冊。	可針對廣泛地區的人進行調查。受訪者會主動上網回答，所以不需要地址名冊。
問題數量	受訪者可以「回答一部分之後中斷，隔天再繼續回答」，根據自己的時間決定何時回答，所以問題數量多一點也無妨。	受訪者必須一次回答完所有問題，基本上無法中斷，所以無法問太多問題。集中精神
回答的可信度	通常只能回收兩到三成的問卷，所以即使分析者設定了足以代表「母群體的精巧縮小版」樣本，把問卷寄給組成樣本群的每個成員，最後寄回來的問卷結構比例未必是「母群體的精巧縮小版」。	**自由參加型** 由受訪者主動上網回答，所以分析者無法自行設定「母群體」和「樣本」。 **試用者型** 乍看之下，可以從試用者群體中選出樣本，應該可以選出「母群體的精巧縮小版」。不過，這些試用者本來就是「有電腦、願意主動成為試用者的人所組成的集團」，所以很顯然針對試用者進行調查，並不容易得到「一般人」的意見。
蒐集數據需要的時間	長	短
輸入數據	由分析者（或相關成員）輸入。	由受訪者輸入。正確說來，受訪者回答的時候，數據也同時輸入系統，所以不須另外「輸入」數據。

※問卷又稱爲調查用紙、問題卷。

原來如此

抽樣方法和調查方法都有很多種哩！

今天的課就上到這裡吧！

啪！

謝謝老師！

下次我會說明問卷和問題內容。

我會認真上課的！

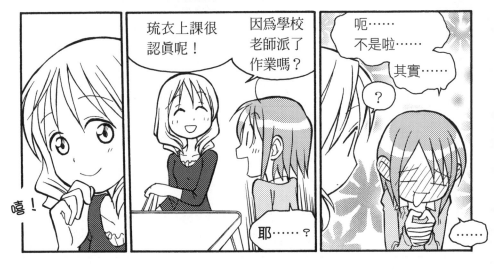

琉衣上課很認真呢！

因為學校老師派了作業嗎？

呃……不是啦……其實……

耶……？

?

……

原來如此……

呵呵，動機
不單純……

嗯……

為愛打拚很好啊，我會更努力幫助你的！

琉衣，
加油！

嗚嗚……
學姊……！

我會加油的！

構成樣本個體的個數稱爲**樣本大小**。

樣本大小越大，越接近母群體，所以越大當然越好。蒐集數據時請努力增加樣本的大小。

話雖如此，蒐集數據時難免有時間和預算限制等現實問題，很難隨心所欲地把樣本變大。這時，大家難免希望有「統計學認定的樣本大小最低標準」，即「只要分析樣本在××程度以上，就能得到合理的數據，也就是稱得上母群體縮影的結果」，可惜實際上並沒有這種最低標準。

「統計學認定的樣本大小最低標準」並不存在，不過在問卷調查領域，的確有「大約400」的想法。這個「大約400」只不過是「有人這麼認爲」而已，並不是可以無條件相信的條件。可是不知道爲什麼，這個想法雖然稱不上「聖經」，卻有不少人認爲這「好像是統計學上信得過的數值」。接下來，我想說明這個「大約400」是怎麼來的，以及該注意的事項。

A報社想在一個月後進行以下這份問卷調查：

問題　你支持△△內閣嗎？（單選）
1.支持　　　　　　　　　　　　　　2.不支持

關於數學的詳細內容太過複雜，在此省略不談；不過就統計學的角度來說，在進行問卷調查之前，也可以知道調查結果的**信賴水準**爲 95%。信賴水準

即使利用統計學，最後還是無法知道母群體，即「所有選民」的內閣支持率P的具體數字，不過至少可以確定P介於以下這個範圍：

$$p - 1.96 \times \sqrt{\frac{p \times (1-p)}{n}} \text{ 以上} \quad p + 1.96 \times \sqrt{\frac{p \times (1-p)}{n}} \text{ 以下}$$

※ P 代表母群體的內閣支持率，p 代表樣本的內閣支持率，n 代表樣本大小。

代表「範圍內容的可信度」，又稱為信心水準或信賴係數。

再看看剛才的範圍的內容。

$$1.96 \times \sqrt{\frac{p \times (1-p)}{n}}$$

這個值越小，範圍越窄，說服力越高。請大家盡量這麼想。

- 有說服力的結果代表 $1.96 \times \sqrt{\frac{p \times (1-p)}{n}}$ 小於 p 的 $\frac{1}{10}$。
- 雖然還沒有進行問卷調查時，無法一口咬定結果，不過，p 的值一定會是 0 和 1 的正中央 0.5。換句話說，$p= 0.5$。

這樣一來，我們可以推導出下面的結果。

$$1.96 \times \sqrt{\frac{0.5 \times (1-0.5)}{n}} \leq 0.5 \times \frac{1}{10}$$

$$1.96 \times \sqrt{\frac{0.5 \times (1-0.5)}{n}} \leq 0.05$$

$$\frac{1.96}{0.05} \times \sqrt{\frac{0.5 \times (1-0.5)}{n}} \leq 1$$

$$\left(\frac{1.96}{0.05}\right)^2 \times \frac{0.5 \times (1-0.5)}{n} \leq 1^2$$

$$\left(\frac{1.96}{0.05}\right)^2 \times 0.5 \times (1-0.5) \leq n$$

$$384.2 \leq n$$

這個 384.2 就是剛才提到的「大約 400」。

這個「大約400」有四點注意事項：

第一，請不要以為「只要蒐集到大約400人的數據，就一定能得到合理的結果」，例如：詢問受訪者「對於日本憲法第九條（反戰條款）有何看法？」即使問了「A報讀者400人」，頂多只能了解A報讀者的大致想法，

並無法掌握日本全國人民的想法。

　　第二，請不要以為「以不滿400人的數據分析，就得不到足以相信的結果」。舉例來說，與其對「A報讀者400人」詢問「對於日本憲法第九條（反戰條款）有何看法？」不如詢問「A報、B報、C報、D報、E報讀者各50人」，反而能得到更正確的結果。

　　第三，請回顧推導出「大約400」的過程。問題只有一項「你支持△△內閣嗎？」選項也只有兩種：「支持」和「不支持」。沒錯，「大約400」適用於「只有一道二選一的問題」，假如是「有十道五選一的問題」，就不適用了。換句話說，這個數字並不是萬能的。

　　第四，上一頁框框部分有加網底的數值，相信有些讀者已經注意到了。其實那並非絕對的數值，可由分析者自行定義。換句話說，「$\frac{1}{10}$以下」可改成「$\frac{1}{50}$以下」，「$p=0.5$」可改成「$p=0.273$」，這些數字都可以由分析者自行決定。只要網底部分的定義不同，計算結果可能根本不是「大約400」，可能會得到完全不同的數字。不只是可能，應該說絕對會如此。

✿ 4. 隨機抽樣與非隨機抽樣 ✿

　　抽樣法大致可以分為**隨機抽樣法**和**非隨機抽樣法**。隨機抽樣法的目的在於讓母群體的每個個體被選為樣本的機率相等。從第19頁到第29頁所說明的：

- ・單純隨機抽樣法
- ・分層隨機抽樣法
- ・兩段隨機抽樣法
- ・分層兩段隨機抽樣法

這些都是隨機抽樣法。**非隨機抽樣法**即不是隨機抽樣的方法，換句話說，就算母群體的每個個體被選為樣本的機率並不相等也無妨。

非隨機抽樣法有下列幾種：

介紹法[註]	透過認識的人或朋友介紹願意協助調查的人作為樣本的方法
應徵法	以拿著讀者回函自行應徵的人來作為樣本的方法
街頭訪問	在商店或街頭尋找願意協助調查者作為樣本的方法

　　非隨機抽樣法的樣本一定不是「母群體的精巧縮小版」。大家看到這一點可能會覺得非隨機抽樣法不好，實際上並非如此。詳細說明請看下一章。

註　又稱為**人脈法**或**機緣法**。透過認識的人介紹願意配合調查的熟人和朋友，再透過受訪者介紹下一批受訪者的方法，又稱為**滾雪球抽樣法**（snowball sampling）。

剛才我說明了各種抽樣法和調查方法的差異，但請大家先了解一點，調查大致分爲**量化調查**與**質化調查**，如下圖：

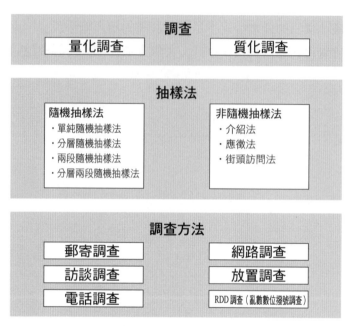

◆圖 1.1　調查、抽樣法與調查方法

量化調查是根據「從問卷取得的數據」或「政府機關的統計資料」考察事物的調查方法。本書除了本章節之外，主要的說明內容都是這種量化調查。**質化調查**是以少數人爲對象的調查方式，也是「採訪型」的調查。

量化調查的優點包括：

・可以得到客觀的結果。

・容易將調查結果套用到一般情況。

・容易重現同樣的結果。

缺點是不容易獲得深入的資訊。換句話說，這種方法只能掌握群體的「大致情況」。

　　質化調查的性質正好和量化調查相反，因為是「採訪」，所以能了解每個受訪者深入的想法，這是它的優點。另一方面，質化調查也有下列缺點：

　　‧不容易得到客觀的結果。
　　‧不容易將調查結果套用到一般情況。
　　‧不容易重現同樣的結果。

　　乍看之下，你可能會覺得質化調查比較不好，實際上並非如此。假如你是上班族，請想像你要針對公司商品進行下列兩種調查：

| 調查 1 | 隨機抽樣1000人，這1000人中很有可能有不少人對這家公司的商品毫無興趣，對這些人進行問卷調查，詢問他們對公司現有商品的意見。 |
| 調查 2 | 選10個非常喜歡這家公司商品的人，召開會議，徹底詢問他們對現有商品的意見。 |

　　前者是「以隨機抽樣法進行量化調查」，後者是「以非隨機抽樣法進行質化調查」。哪一種方法比較好，當然得視調查的目的而定，我們無法斷定前者一定比較好，也無法斷定後者是不值得一試的方法。

　　量化調查除了適用於以隨機抽樣法選出的樣本，也適用於以非隨機抽樣法選出的樣本。的確，質化調查多半應用於以非隨機抽樣法選出的樣本。不過，質化調查除了適用於以非隨機抽樣法選出的樣本，也適用於以隨機抽樣法選出的樣本。

❊ 6. 數據分析的方法 ❊

　　以下的內容非常重要，但是主旨和剛才說明的內容不同，請轉換心情之後再閱讀。

　　數據分析的處理方法包括「探索型」和「驗證型」。

「探索型」數據分析的流程

　　①手邊有可以分析的數據。

　　②利用各種分析方法，試著進行各種分析。

　　③看到結果「之後」才注意到「看起來好像是這樣」。

　　④向大家宣布分析結果。

「驗證型」數據分析的流程

　　①先建立假設。

　　②為了確定假設是否正確，開始蒐集數據，進行分析。

　　③確定假設是否正確。

　　④向大家宣布分析結果。

　　「探索型」數據分析方法的優點是只要手邊有數據，隨時都能開始分析。可是分析者可以隨心所欲地處理數據，毫無根據、不合理地操弄變數之間的因果關係，事後愛怎麼調整都行；這其實是一項缺點，稍有大意，「什麼結果都能捏造得出來」。費盡千辛萬苦，最後宣布分析結果時，旁人可能會覺得沒有說服力。

　　「驗證型」數據分析方法必須從建立假設開始，所以缺點是不容易開始進行。可是一旦有了明確的假設之後，就可以開始蒐集數據、進行分析，所以只要假設正確，旁人也會覺得分析結果很有說服力。即使假設不正確，至少可以證明「這個假設不正確」，對今後的研究還是有所幫助，絕不是沒有用處的分析方法。

第2章

問卷和問題

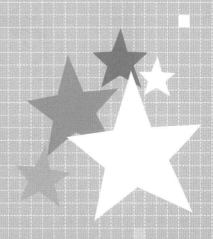

今天我想討論問卷和問題的內容！

洗耳恭聽！

呵呵

這家店的蛋糕真好吃

嗯！試吃試吃♡

耶 耶

問卷的結構和問題的問法並沒有「獨一無二的最佳法則」，

不過還是有「這麼做比較好」的規則。

喔

✿ 1. 問卷結構 ✿

這裡有一份咖啡廳的問卷，內容並不太好。

呃

你看看。

咦？

43

顧客問卷調查

■請告訴我們您的基本基料

問題1　請問您的性別（單選）

> 1.男性　　　　　　　　　　　　2.女性

問題2　請問您的年齡

> 歲

問題3　請問您的職業（單選）

> 1.上班族　　　　2.自行創業　　　　3.學生
> 4.主婦　　　　　5.其他（　　　　　　　　　　）

■請告訴我們您對本店的想法

問題4　店員的服務態度如何？（單選）

> 1.非常不好　　2.不好　　3.普通　　4.好　　5.非常好

問題5　您點的蛋糕、飲料味道如何？（單選）

> 1.非常不滿意　　2.不滿意　　3.普通　　4.滿意　　5.非常滿意

問題6　請問您光顧本店的原因？（可複選）

> 1.看到雜誌報導或廣告　2.看到網路上的介紹　　3.朋友、熟人介紹
> 4.碰巧經過　　　　　　5.喜歡從外面看到的氣氛　6.其他（　　　　　）

謝謝您的合作。

顧客問卷調查

■請告訴我們您對本店的想法

問題1　店員的服務態度如何？（單選）

1.非常不好	2.不好	3.普通	4.好	5.非常好

問題2　您點的蛋糕、飲料味道如何？（單選）

1.非常不滿意	2.不滿意	3.普通	4.滿意	5.非常滿意

問題3　請問您光顧本店的原因？（複選）

1.看到雜誌報導或廣告　2.看到網路上的介紹　　　3.朋友、熟人介紹
4.碰巧經過　　　　　　5.喜歡從外面看到的氣氛　6.其他（　　　　　　）

■請告訴我們您的基本資料

問題4　請問您的性別（單選）

1.男性	2.女性

問題5　請問您的年齡

　　　　　　　　　　　□　歲

問題6　請問您的職業（單選）

1.上班族	2.自行創業	3.學生
4.主婦	5.其他（　　　　　　　　　　　　　　）	

謝謝您的合作。

仔細看問題的順序。

嗯⋯⋯

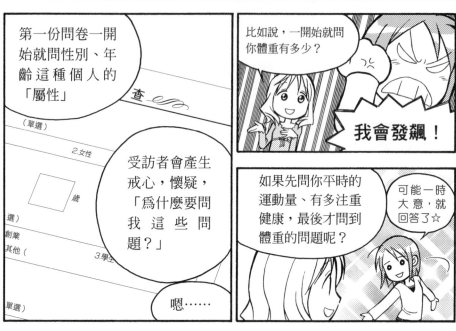

第一份問卷一開始就問性別、年齡這種個人的「屬性」

受訪者會產生戒心，懷疑，「為什麼要問我這些問題？」

嗯⋯⋯

比如說，一開始就問你體重有多少？

我會發飆！

如果先問你平時的運動量、有多注重健康，最後才問到體重的問題呢？

可能一時大意，就回答了☆

同樣的道理⋯⋯

原來如此。

詢問「實際情況」
是否做過、是否持有、何時購買、在哪兒購買……等

↓

詢問「意識」
滿意或不滿意的部分、滿意或不滿意的理由、價值觀……等

↓

詢問「屬性」
性別、年齡、未婚／已婚、收入、最高學歷、家族結構……等

問卷應該

先問受訪者的行為和經驗之類的「實際情況」；

再問感受或想法之類的「意識」；

最後才問「屬性」。

這種順序比較安全。

這份問卷應該是沒有經驗的人設計的吧！？

就像我一樣

這是我以前設計的問卷。

噗！

※ 2.問題類型 ※

咚！

不好意思……

沒關係，
沒關係！
今天我請客！

接下來介紹
問卷的問題。

那我就不
客氣了……

盡量吃吧！

問卷的問題大致可以分為
「單選」、「複選」、「數
字題」和「文字題」。

嗯！

我先介紹典
型的例子。

先看單選題，也就是只能選一個選項的問題。

問題　請選擇您最喜歡的蛋糕（單選）
1.海綿蛋糕　　2.起司蛋糕　　3.巧克力蛋糕　　4.栗子蛋糕

問題　您選擇住所時，有多重視「最近捷運站有多遠」？（單選）
1.完全不重視　2.不很重視　3.普通　4.有點重視　5.非常重視

有幾道問題的選項都一樣時，為了節省紙面空間，最好這樣排列問題：

問題　您選擇住所時，有多重視下列因素？（單選）

	完全不重視	不很重視	普通	有點重視	非常重視
最近捷運站有多遠	1	2	3	4	5
日照	1	2	3	4	5
收納空間	1	2	3	4	5
房租	1	2	3	4	5

再看複選題，也就是可以選
超過一個選項的問題。

問題：您選擇住所時重視哪些因素？（可複選）

1.最近捷運站有多遠　　　2.日照　　　　3.收納空間
4.房租　　　　　　　　　5.周邊公共設施

還有下面這種問法，但是最好少用。

問題：您選擇住所時重視哪些因素？
（請選兩項）

1.最近捷運站有多遠　　　2.日照　　　　3.收納空間
4.房租　　　　　　　　　5.周邊公共設施

注意！

為什麼？

這種問法和「可複選」不同，受訪者必須看
完所有選項才能開始作答，回答時心理負擔
比較重。

數字題

再來看數字題，也就是要回答具體數字的問題。
以框線區隔每一位數字，可以避免受訪者寫錯。

問題：您每個月的零用錢有多少？

萬	千	百	十	個

日圓

文字題

最後是文字題，也就是不必選擇
選項，可以自由回答的問題。

問題：請寫出一位您最喜歡的藝人：

回答欄

問題：如果您對本店有其他意見或建議，請填入下欄：

❊ 3. 應該避免的問題 ❊

這種問卷根本沒人願意回答！

嗯……

最後介紹問卷應該避免的問題……

我們一起來看看琉衣設計的問卷有什麼問題。

好！麻煩妳了！

現在開始檢討，一開始就問個人屬性……

屬性問題最好放在問卷後半段。

顧客滿意度調查

填寫問卷之後，可以到櫃檯領取折價券！

性別	男・女	年齡	歲
職業		年薪	萬元

問題：店裡的氣氛如何？
　　　　　　　非常不好　不好　普通　好　非常好
問題：服務生的制服和服務態度如何？
　　　　　　　非常不好　不好　普通　好　非常好
問題：店裡的紅茶如何？
　　　　　非常不滿意　不滿意　普通　滿意　非常滿意
問題：價格如何？　　　　　　　便宜　普通　貴
問題：請寫出下面四種茶的喜歡程度，最喜歡的是 1，最不喜歡的是 4。

　　　　1.純紅茶　　　第[　]名
　　　　2.檸檬紅茶　　第[　]名
　　　　3.奶茶　　　　第[　]名
　　　　4.玫瑰花茶　　第[　]名

問題：你喜歡到咖啡廳嗎？

　　　　　　　　喜歡　不喜歡

年薪的問法並不恰當！

？

╳ 具體詢問非常隱私的問題

除非你一定需要非常具體的數字，否則最好改用下面的問法，對受訪者比較友善喔！

原來如此……

問題：請教您的年薪大約是？（單選）

1.未滿 100 萬元
2.100 萬元以上　未滿 200 萬元
3.200 萬元以上　未滿 300 萬元
4.300 萬元以上　未滿 400 萬元
5.400 萬元以上

其實仔細想想，這份問卷根本不需要調查受訪者的年薪。

沒錯……

問題：店裡的氣氛如何？
　　　　　　　　非常不好　不好　普通　好　非常好
問題：服務生的制服和服務態度如何？
　　　　　　　　非常不好　不好　普通　好　非常好
問題：店裡的紅茶如何？
　　　　　非常不滿意　不滿意　普通　滿意　非常滿意
問題：價格如何？　　　　　　　　便宜　普通　貴

用字遣詞曖昧不清

這些問題的問法曖昧不清。

嗯，的確……

說得也是……

舉例來說，「價格如何」的問題是針對紅茶還是蛋糕？

問題最好問得具體一點。

我懂了。

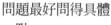
問題：您點的紅茶價格如何？（單選）
1.便宜	2.普通	3.貴

問題：服務生的制服和服務態度如何？

非常不好　不好　普通　好　非常好

✗　**有兩種以上的意義**

這個問題包含兩種意義吧？

啊！

覺得「服務態度很好但是制服不好」的人一定不知道該怎麼回答。

嗯，也對……

頭上的蔥娟真奇怪！

啊～

每道題都要清楚明白。

遵命！

問題：服務生的制服如何？（單選）

1.非常不好	2.不好	3.普通	4.好	5.非常好

問題：服務生的服務態度如何？（單選）

1.非常不好	2.不好	3.普通	4.好	5.非常好

問題：請寫出對於下面四種茶的喜歡程度，最喜歡的是1，最不喜歡的是4。

1.純紅茶 → 第 [ ] 名
2.檸檬紅茶 → 第 [ ] 名
3.奶茶 → 第 [ ] 名
4.玫瑰花茶 → 第 [ ] 名

× 要求受訪者排序

這道問題要求受訪者填寫順序……

咦？寫順序也不行嗎？

也不是絕對不行。

有的分析方法專門分析偏好順序，例如：「聯合分析」（conjoint analysis）。

那是什麼地方有問題？

如果有「同樣都是第一」的情況，該怎麼辦？作答者會很困惑吧。

說得也是……

腦中壓根兒沒想過「玫瑰花茶」的人，該把玫瑰花茶寫成第幾名呢？

玫瑰花茶？

說得也是……

嗯……應該寫第幾名咧？

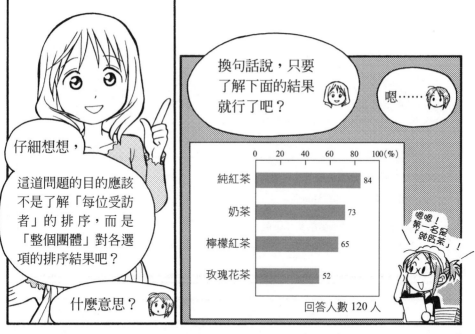

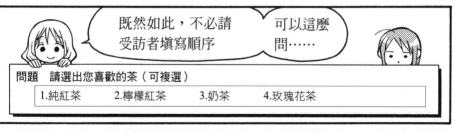

	純紅茶	檸檬紅茶	奶茶	玫瑰花茶
A客人	1	0	1	0
B客人	1	1	0	0
C客人	1	1	0	0
⋮	⋮	⋮	⋮	⋮
↓	↓	↓	↓	↓
比例（%）	84	65	73	52

一定要排序
的話……

只要統計總數
就行了。

原來如此！

雖然不是直接的代替方案，不過可以這麼問：

嗯嗯！

問題 1：請選出您喜歡的茶（可複選）

| 1.純紅茶 | 2.檸檬紅茶 | 3.奶茶 | 4.玫瑰花茶 |

問題 2：請選出您最喜歡的茶（單選）

| 1.純紅茶 | 2.檸檬紅茶 | 3.奶茶 | 4.玫瑰花茶 |

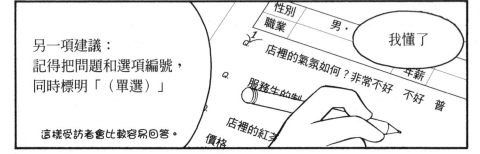

另一項建議：
記得把問題和選項編號，
同時標明「（單選）」

這樣受訪者會比較容易回答。

我懂了

有好多注意事項，真不簡單。

沒有這麼難啦！

重點在於「站在受訪者的立場思考」！

受訪者的立場……

沒錯！

✽ 4. 應該避免的問題（續） ✽

我們在上一節說明了問卷中應該避免下列四種問題：

- ·具體詢問個人隱私的問題
- ·用字遣詞曖昧不清的問題
- ·不只一項意義的問題
- ·需要排序的問題

事實上，還有其他應該避免的問題，請繼續往下看。

■具有誘導性的問題

> 問題：日本的天然資源很少，科學教育在二十一世紀將扮演
> 更重要的角色。
>
> 你對今後的數理教育有什麼看法？（單選）
>
> | 1.應該加倍充實 | 2.維持現狀即可 |

很多人應該會覺得自己不得不選「1. 應該加倍充實」。

■層次過多的問題

> 問題：你決定要到哪兒工作時，有多重視下列的因素？（每一行
> 各自為單選）

	極度不重視	非常不重視	不重視	不很重視	普通	有點重視	重視	非常重視	極度重視
公司有名	1	2	3	4	5	6	7	8	9
用心培育新進員工	1	2	3	4	5	6	7	8	9
積極給年輕人發揮的空間	1	2	3	4	5	6	7	8	9
：	：	：	：	：	：	：	：	：	：

調查者應該是覺得「五種層次不足以了解受訪者微妙的心理變化」，才會設計這麼細微的差距。我可以體會這種心情，然而，如果只有幾道問題倒還好，如果題目多一點，層次多只會令人心煩，受訪者也會開始覺得「選哪個都差不多」。

我認為最多列出七種層次就好，但這並沒有學術根據，純粹是個人的想法。

■評分的問題

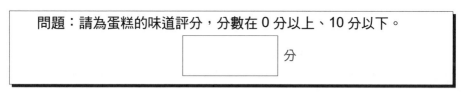

如果問卷上沒有下面的標線，受訪者無法想像分數之間的間隔，很難回答。

再仔細想想，該怎麼解釋「0分」呢？是「難吃」，還是「不好吃也不難吃」？如果受訪者必須自行判斷，應該會不知所措。

■讓受訪者自由回答的問題

問題：請寫出您最喜歡的一位藝人：

| 回答欄 | |

讓受訪者自由回答的問題有下列優點：

‧受訪者可以自由回答。

‧調查者可能會得到出乎意料的有趣答案。

這些優點雖然看起來很好，我卻無法向大家拍胸脯推薦。

請想像「你是受訪者」的情況。假如你是中小學生那倒還好，否則突然有人問你「最喜歡哪位藝人？」你能馬上答出來嗎？同理，對你而言沒什麼興趣的問題，你能馬上說出答案嗎？再想想「如果你是調查者」，而且採取郵寄問卷進行調查，得到答案之後你得自己輸入下列數據：

	A	B
1		最喜歡的藝人
2	受訪者 1	王力宏
3	受訪者 2	王力宏
4	受訪者 3	蔡依林
5	受訪者 4	周杰倫
6	受訪者 5	
7	受訪者 6	

得到的答案越多元，輸入數據時就越辛苦。為了避免這樣的狀況，不妨在調查之前徵求自由回答，把前五名當成最終問卷的選項。例如：

問題：請問您最喜歡哪一位藝人？（單選）

1.王力宏　2.周杰倫　3.王心凌　4.黃力行　5.蔡依林

❀ 5.「正中央」的存在 ❀

徵求階段評鑑的意見時，有時候有「兩者皆非（可）」（普通、不好不壞……）這種「正中央」的選項，有時候則沒有。

■有「正中央」的選項

	完全不重視	不很重視	普通	有點重視	非常重視
最近捷運站有多遠	1	2	3	4	5
日照	1	2	3	4	5

		不很重視		非常重視
最近捷運站有多遠	1	2	3	4
日照	1	2	3	4

我認為兩種方法都可以，只是如果沒有「正中央」的選項，會有以下問題：

· 受訪者一定要回答是或非，回答問卷時心理負擔比較大。
· 沒有「正中央」的選項時，依調查結果繪製的長條圖比較不容易呈現標準分布。

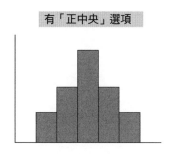

有「正中央」選項

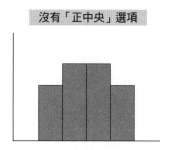

沒有「正中央」選項

如果你不知道哪一種比較好，與其自己煩惱，不如找身邊的朋友進行模擬調查，試試看就知道了。

第3章

相關的基礎數學

叮

咚!!

您好!

請進！請進！

耶～～真期待上課的日子！

呵呵！琉衣！客人來了！

……

今天要學習因素分析必備的基礎數學知識。

麻煩妳了！

今天我想省略計算過程，以及「為什麼會得到這種結果」的理由，而把重點放在「○○就是××」這種「事實」上。

只要先知道「原來是這麼回事」即可。

遵命！

❀ 1. 相關矩陣 ❀

先來看「相關矩陣」。

這是由相關係數構成的矩陣。

嗯？

	國語	社會	自然	英語	數學
學生 1	92	83	77	156	38
學生 2	97	82	68	114	33
學生 3	100	100	93	176	44
學生 4	89	77	100	158	46
學生 5	95	79	75	140	37
學生 6	99	96	84	174	42
學生 7	97	87	98	190	49
學生 8	93	77	73	132	35
學生 9	89	75	72	132	35
學生 10	98	93	70	186	37

例如：這份數據的相關矩陣是……

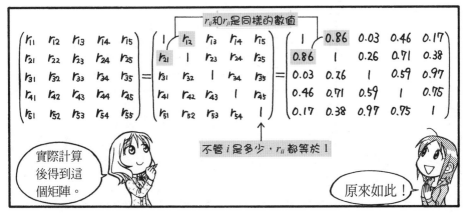

單相關係數

	國語	社會	自然	英語	數學
國語	國與國	國與社	國與自	國與英	國與數
社會	社與國	社與社	社與自	社與英	社與數
自然	自與國	自與社	自與自	自與英	自與數
英語	英與國	英與社	英與自	英與英	英與數
數學	數與國	數與社	數與自	數與英	數與數

是這種矩陣。

嗯嗯！

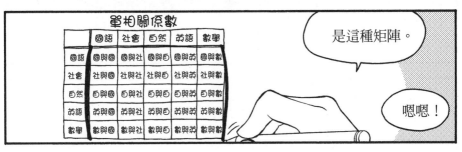

r_{ij}和r_{ji}是同樣的數值

$$\begin{pmatrix} r_{11} & r_{12} & r_{13} & r_{14} & r_{15} \\ r_{21} & r_{22} & r_{23} & r_{24} & r_{25} \\ r_{31} & r_{32} & r_{33} & r_{34} & r_{35} \\ r_{41} & r_{42} & r_{43} & r_{44} & r_{45} \\ r_{51} & r_{52} & r_{53} & r_{54} & r_{55} \end{pmatrix} = \begin{pmatrix} 1 & r_{12} & r_{13} & r_{14} & r_{15} \\ r_{21} & 1 & r_{23} & r_{24} & r_{25} \\ r_{31} & r_{32} & 1 & r_{34} & r_{35} \\ r_{41} & r_{42} & r_{43} & 1 & r_{45} \\ r_{51} & r_{52} & r_{53} & r_{54} & 1 \end{pmatrix} = \begin{pmatrix} 1 & 0.86 & 0.03 & 0.46 & 0.17 \\ 0.86 & 1 & 0.26 & 0.71 & 0.38 \\ 0.03 & 0.26 & 1 & 0.59 & 0.97 \\ 0.46 & 0.71 & 0.59 & 1 & 0.75 \\ 0.17 & 0.38 & 0.97 & 0.75 & 1 \end{pmatrix}$$

實際計算後得到這個矩陣。

不管 i 是多少，r_{ii} 都等於 1

原來如此！

接下來是「單位矩陣」。

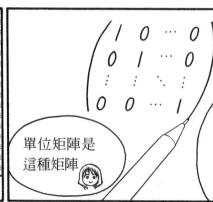

單位矩陣是這種矩陣

往右下對角線的值都是1，其餘都是0。

即使乘以單位矩陣，對原來的矩陣也毫無影響。

什麼意思？

例如：乘以 $\begin{pmatrix} a_1 \\ a_2 \end{pmatrix}$ ……

$$\begin{pmatrix} 1 & 0 \\ 0 & 1 \end{pmatrix}\begin{pmatrix} a_1 \\ a_2 \end{pmatrix} = \begin{pmatrix} 1 \times a_1 + 0 \times a_2 \\ 0 \times a_1 + 1 \times a_2 \end{pmatrix} = \begin{pmatrix} a_1 \\ a_2 \end{pmatrix}$$

你看！

刷

真的耶！

單位矩陣就像數字1一樣。

$1 \times 7 = 7$

$1 \times A = A$

嗯！

再看看其他單位矩陣的例子。

$\cdot$ $\begin{pmatrix} 1 & 0 \\ 0 & 1 \end{pmatrix}\begin{pmatrix} a_1 \\ a_2 \end{pmatrix} = \begin{pmatrix} 1 \times a_1 + 0 \times a_2 \\ 0 \times a_1 + 1 \times a_2 \end{pmatrix} = \begin{pmatrix} a_1 \\ a_2 \end{pmatrix}$

（2 列 2 行）（2 列 1 行）＝（2 列 1 行）

$\cdot$ $\begin{pmatrix} 1 & 0 & \cdots & 0 \\ 0 & 1 & \cdots & 0 \\ \vdots & \vdots & \ddots & \vdots \\ 0 & 0 & \cdots & 1 \end{pmatrix}\begin{pmatrix} a_1 \\ a_2 \\ \vdots \\ a_p \end{pmatrix} = \begin{pmatrix} 1 \times a_1 + 0 \times a_2 + \cdots + 0 \times a_p \\ 0 \times a_1 + 1 \times a_2 + \cdots + 0 \times a_p \\ \vdots \\ 0 \times a_1 + 0 \times a_2 + \cdots + 1 \times a_p \end{pmatrix} = \begin{pmatrix} a_1 \\ a_2 \\ \vdots \\ a_p \end{pmatrix}$

（p 列 p 行）（p 列 1 行）＝（p 列 1 行）

$\cdot$ $\begin{pmatrix} 1 & 0 \\ 0 & 1 \end{pmatrix}\begin{pmatrix} a_{11} & a_{21} & \cdots & a_{p1} \\ a_{12} & a_{22} & \cdots & a_{p2} \end{pmatrix} = \begin{pmatrix} 1 \times a_{11} + 0 \times a_{12} & 1 \times a_{21} + 0 \times a_{22} & \cdots & 1 \times a_{p1} + 0 \times a_{p2} \\ 0 \times a_{11} + 1 \times a_{12} & 0 \times a_{21} + 1 \times a_{22} & \cdots & 0 \times a_{p1} + 1 \times a_{p2} \end{pmatrix} = \begin{pmatrix} a_{11} & a_{21} & \cdots & a_{p1} \\ a_{12} & a_{22} & \cdots & a_{p2} \end{pmatrix}$

（2 列 2 行）（2 列 p 行）＝（2 列 p 行）

$\cdot$ $\begin{pmatrix} a_{11} & a_{12} \\ a_{21} & a_{22} \\ \vdots & \vdots \\ a_{p1} & a_{p2} \end{pmatrix}\begin{pmatrix} 1 & 0 \\ 0 & 1 \end{pmatrix} = \begin{pmatrix} a_{11} \times 1 + a_{12} \times 0 & a_{11} \times 0 + a_{12} \times 1 \\ a_{21} \times 1 + a_{22} \times 0 & a_{21} \times 0 + a_{22} \times 1 \\ \vdots & \vdots \\ a_{p1} \times 1 + a_{p2} \times 0 & a_{p1} \times 0 + a_{p2} \times 1 \end{pmatrix} = \begin{pmatrix} a_{11} & a_{12} \\ a_{21} & a_{22} \\ \vdots & \vdots \\ a_{p1} & a_{p2} \end{pmatrix}$

（p 列 2 行）（2 列 2 行）＝（p 列 2 行）

單位矩陣對原來的矩陣果真沒有影響！

❀ 3. 旋轉 ❀

接下來我要說明座標的「旋轉」。

旋轉啊——

把座標 (a_1, a_2) ……

以原點為中心，轉動 θ 度，變成座標 (b_1, b_2)。

這個 (b_1, b_2) 具體而言可以寫成：
$(a_1 \cos\theta - a_2 \sin\theta, a_1 \sin\theta + a_2 \cos\theta)$

咦……

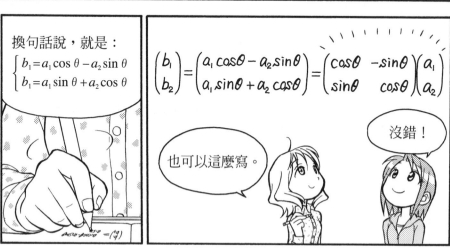

換句話說，就是：
$$\begin{cases} b_1 = a_1 \cos\theta - a_2 \sin\theta \\ b_1 = a_1 \sin\theta + a_2 \cos\theta \end{cases}$$

$$\begin{pmatrix} b_1 \\ b_2 \end{pmatrix} = \begin{pmatrix} a_1 \cos\theta - a_2 \sin\theta \\ a_1 \sin\theta + a_2 \cos\theta \end{pmatrix} = \begin{pmatrix} \cos\theta & -\sin\theta \\ \sin\theta & \cos\theta \end{pmatrix} \begin{pmatrix} a_1 \\ a_2 \end{pmatrix}$$

也可以這麼寫。

沒錯！

來做做例題吧！

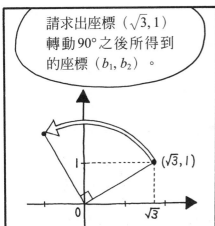

請求出座標（$\sqrt{3}, 1$）轉動 90° 之後所得到的座標（b_1, b_2）。

應該是（$-1, \sqrt{3}$）

請計算看看。

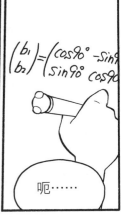

$\begin{pmatrix} b_1 \\ b_2 \end{pmatrix} = \begin{pmatrix} \cos 90° & -\sin 90° \\ \sin 90° & \cos 90° \end{pmatrix}$

呃……

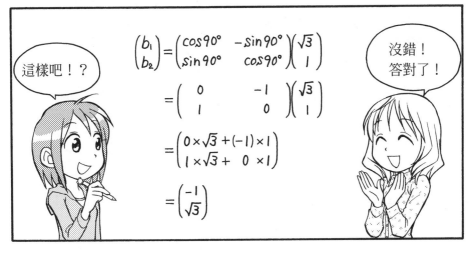

這樣吧！？

$$\begin{pmatrix} b_1 \\ b_2 \end{pmatrix} = \begin{pmatrix} \cos 90° & -\sin 90° \\ \sin 90° & \cos 90° \end{pmatrix}\begin{pmatrix} \sqrt{3} \\ 1 \end{pmatrix}$$

$$= \begin{pmatrix} 0 & -1 \\ 1 & 0 \end{pmatrix}\begin{pmatrix} \sqrt{3} \\ 1 \end{pmatrix}$$

$$= \begin{pmatrix} 0 \times \sqrt{3} + (-1) \times 1 \\ 1 \times \sqrt{3} + 0 \times 1 \end{pmatrix}$$

$$= \begin{pmatrix} -1 \\ \sqrt{3} \end{pmatrix}$$

沒錯！答對了！

把座標（a_1, a_2）轉動 θ 度之後得到的座標（b_1, b_2）可寫成 $(a_1\cos\theta - a_2\sin\theta \, , \, a_1\sin\theta + a_2\cos\theta)$。把座標（$b_1, b_2$）轉動 $-\theta$ 度之後得到的座標當然是（a_1, a_2）。寫成矩陣如下：

$$\begin{pmatrix} \cos(-\theta) & -\sin(-\theta) \\ \sin(-\theta) & \cos(-\theta) \end{pmatrix}\begin{pmatrix} b_1 \\ b_2 \end{pmatrix} = \begin{pmatrix} a_1 \\ a_2 \end{pmatrix}$$

$$\begin{pmatrix} \cos(-\theta) & -\sin(-\theta) \\ \sin(-\theta) & \cos(-\theta) \end{pmatrix}\begin{pmatrix} b_1 \\ b_2 \end{pmatrix} = \begin{pmatrix} a_1 \\ a_2 \end{pmatrix}$$ 左右兩邊的詳細計算過程如下：

$$\begin{pmatrix} \cos(-\theta) & -\sin(-\theta) \\ \sin(-\theta) & \cos(-\theta) \end{pmatrix}\begin{pmatrix} b_1 \\ b_2 \end{pmatrix} = \begin{pmatrix} \cos(-\theta) & -\sin(-\theta) \\ \sin(-\theta) & \cos(-\theta) \end{pmatrix}\begin{pmatrix} a_1\cos\theta - a_2\sin\theta \\ a_1\sin\theta + a_2\cos\theta \end{pmatrix} = \begin{pmatrix} \cos(-\theta) & -\sin(-\theta) \\ \sin(-\theta) & \cos(-\theta) \end{pmatrix}\begin{pmatrix} \cos\theta & -\sin\theta \\ \sin\theta & \cos\theta \end{pmatrix}\begin{pmatrix} a_1 \\ a_1 \end{pmatrix} = \begin{pmatrix} a_1 \\ a_1 \end{pmatrix}$$

具體寫出（b_1, b_2）　　　　請仔細閱讀第 70 頁的說明

請看清楚上面的算式。

$$\begin{pmatrix} \cos(-\theta) & -\sin(-\theta) \\ \sin(-\theta) & \cos(-\theta) \end{pmatrix}\begin{pmatrix} \cos\theta & -\sin\theta \\ \sin\theta & \cos\theta \end{pmatrix} = \begin{pmatrix} 1 & 0 \\ 0 & 1 \end{pmatrix}$$

這道算式必須成立，才不會出現矛盾。
下面兩個圖代表同樣的意思。

把座標（b_1, b_2）轉動 $-\theta$ 度

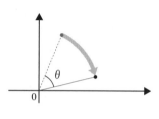

把縱軸和橫軸轉動 $+\theta$ 度

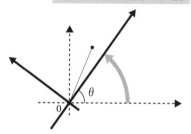

矩陣各有各的「固有值」和「固有向量」

再看下一個項目。

什麼？

舉例來說……

$$\begin{pmatrix} 1 & 2 \\ 3 & 4 \end{pmatrix}\begin{pmatrix} a_1 \\ a_2 \end{pmatrix} = \lambda \begin{pmatrix} a_1 \\ a_2 \end{pmatrix}$$ 就是 $\begin{cases} a_1 + 2a_2 = \lambda a_1 \\ 3a_1 + 4a_2 = \lambda a_2 \end{cases}$

$\begin{pmatrix} 1 & 2 \\ 3 & 4 \end{pmatrix}$ 的固有值是……

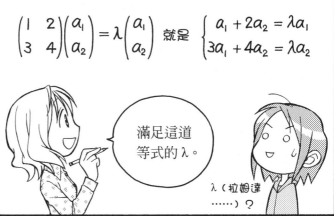

滿足這道等式的 λ。

λ（拉姆達……）？

因此，「$\begin{pmatrix} 1 & 2 \\ 3 & 4 \end{pmatrix}$ 的固有向量」是和 λ 對應的 $\begin{pmatrix} a_1 \\ a_2 \end{pmatrix}$。

這是什麼？

因素分析也會使用到的固有值和固有向量。

喔……

先看看例子吧！

嘎

以下為你舉例說明。如果連計算過程都詳細解說，會變得很冗長，所以我只說明結果。

· $\begin{pmatrix} -10 & 6 \\ -18 & 11 \end{pmatrix}\begin{pmatrix} 1 \\ 2 \end{pmatrix} = \begin{pmatrix} -10 \times 1 + 6 \times 2 \\ -18 \times 1 + 11 \times 2 \end{pmatrix} = \begin{pmatrix} 2 \\ 4 \end{pmatrix} = 2\begin{pmatrix} 1 \\ 2 \end{pmatrix}$

· $\begin{pmatrix} -10 & 6 \\ -18 & 11 \end{pmatrix}\begin{pmatrix} 2 \\ 3 \end{pmatrix} = \begin{pmatrix} -10 \times 2 + 6 \times 3 \\ -18 \times 2 + 11 \times 3 \end{pmatrix} = \begin{pmatrix} -2 \\ -3 \end{pmatrix} = -\begin{pmatrix} 2 \\ 3 \end{pmatrix}$

所以2和−1是 $\begin{pmatrix} -10 & 6 \\ -18 & 11 \end{pmatrix}$ 的固有值，對應2的固有向量是 $\begin{pmatrix} 1 \\ 2 \end{pmatrix}$，

對應−1的固有向量是 $\begin{pmatrix} 2 \\ 3 \end{pmatrix}$。

範例 2

喔……

· $\begin{pmatrix} 2 & 0 & 0 \\ 0 & 4 & 0 \\ 0 & 0 & 6 \end{pmatrix}\begin{pmatrix} 1 \\ 0 \\ 0 \end{pmatrix} = \begin{pmatrix} 2 \times 1 + 0 \times 0 + 0 \times 0 \\ 0 \times 1 + 4 \times 0 + 0 \times 0 \\ 0 \times 1 + 0 \times 0 + 6 \times 0 \end{pmatrix} = \begin{pmatrix} 2 \\ 0 \\ 0 \end{pmatrix} = 2\begin{pmatrix} 1 \\ 0 \\ 0 \end{pmatrix}$

· $\begin{pmatrix} 2 & 0 & 0 \\ 0 & 4 & 0 \\ 0 & 0 & 6 \end{pmatrix}\begin{pmatrix} 0 \\ 1 \\ 0 \end{pmatrix} = \begin{pmatrix} 2 \times 0 + 0 \times 1 + 0 \times 0 \\ 0 \times 0 + 4 \times 1 + 0 \times 0 \\ 0 \times 0 + 0 \times 1 + 6 \times 0 \end{pmatrix} = \begin{pmatrix} 0 \\ 4 \\ 0 \end{pmatrix} = 4\begin{pmatrix} 0 \\ 1 \\ 0 \end{pmatrix}$

· $\begin{pmatrix} 2 & 0 & 0 \\ 0 & 4 & 0 \\ 0 & 0 & 6 \end{pmatrix}\begin{pmatrix} 0 \\ 0 \\ 1 \end{pmatrix} = \begin{pmatrix} 2 \times 0 + 0 \times 0 + 0 \times 1 \\ 0 \times 0 + 4 \times 0 + 0 \times 1 \\ 0 \times 0 + 0 \times 0 + 6 \times 1 \end{pmatrix} = \begin{pmatrix} 0 \\ 0 \\ 6 \end{pmatrix} = 6\begin{pmatrix} 0 \\ 0 \\ 1 \end{pmatrix}$

所以2和4和6是 $\begin{pmatrix} 2 & 0 & 0 \\ 0 & 4 & 0 \\ 0 & 0 & 6 \end{pmatrix}$ 的固有值，對應2的固有向量是 $\begin{pmatrix} 1 \\ 0 \\ 0 \end{pmatrix}$，

對應4的固有向量是 $\begin{pmatrix} 0 \\ 1 \\ 0 \end{pmatrix}$，對應6的固有向量是 $\begin{pmatrix} 0 \\ 0 \\ 1 \end{pmatrix}$。

原則上，p 列 p 行的矩陣其固有值
和固有向量會有 p 組。

可是這該
怎麼計算？

靠紙筆計算會
很辛苦喔。

啊！我懂了，
這可以利用
EXCEL吧？

很遺憾，EXCEL
也沒有對應的函
數喔。

咦？
那該怎麼辦？

咬緊牙根靠紙
筆計算，或是
利用數據分析
軟體囉。

原來如此。

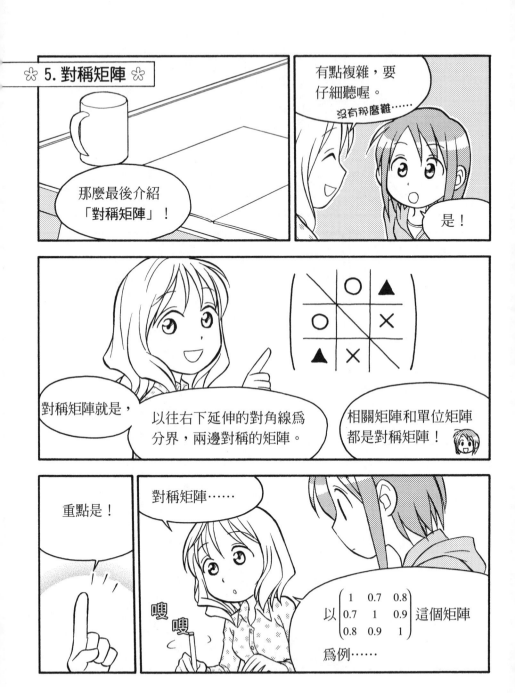

√最大的固有值　　√第二大的固有值　　√第三大的固有值

$$\begin{pmatrix} 1 & 0.7 & 0.8 \\ 0.7 & 1 & 0.9 \\ 0.8 & 0.9 & 1 \end{pmatrix} = \begin{pmatrix} \sqrt{2.60}\times0.55 & \sqrt{0.31}\times0.80 & \sqrt{0.08}\times0.23 \\ \sqrt{2.60}\times0.58 & \sqrt{0.31}\times(-0.57) & \sqrt{0.08}\times0.59 \\ \sqrt{2.60}\times0.60 & \sqrt{0.31}\times(-0.19) & \sqrt{0.08}\times(-0.78) \end{pmatrix} \begin{pmatrix} \sqrt{2.60}\times0.55 & \sqrt{2.60}\times0.58 & \sqrt{2.60}\times0.60 \\ \sqrt{0.31}\times0.80 & \sqrt{0.31}\times(-0.57) & \sqrt{0.31}\times(-0.19) \\ \sqrt{0.08}\times0.23 & \sqrt{0.08}\times0.59 & \sqrt{0.08}\times(-0.78) \end{pmatrix}$$

和最大的固有值對應的固有向量

和第二大的固有值對應的固有向量

和第三大的固有值對應的固有向量

左邊矩陣的行與列對調之後的矩陣

可以改寫
成這樣。

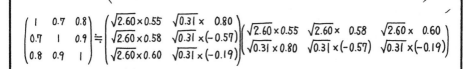

哇～～
超厲害……

像這個例子一樣，如
果是第三個固有值幾
乎等於零的情況……

$$\begin{pmatrix} 1 & 0.7 & 0.8 \\ 0.7 & 1 & 0.9 \\ 0.8 & 0.9 & 1 \end{pmatrix} \fallingdotseq \begin{pmatrix} \sqrt{2.60}\times0.55 & \sqrt{0.31}\times0.80 \\ \sqrt{2.60}\times0.58 & \sqrt{0.31}\times(-0.57) \\ \sqrt{2.60}\times0.60 & \sqrt{0.31}\times(-0.19) \end{pmatrix} \begin{pmatrix} \sqrt{2.60}\times0.55 & \sqrt{2.60}\times0.58 & \sqrt{2.60}\times0.60 \\ \sqrt{0.31}\times0.80 & \sqrt{0.31}\times(-0.57) & \sqrt{0.31}\times(-0.19) \end{pmatrix}$$

這樣的關係
會成立！

咦？
少了一個啊！？

這個例子是如果第二大和
第三大的固有值都幾乎等
於零……

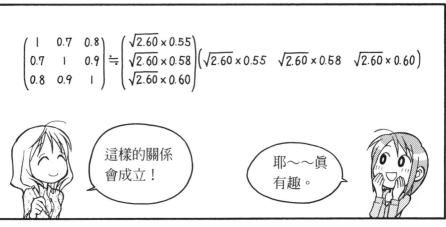

$$\begin{pmatrix} 1 & 0.7 & 0.8 \\ 0.7 & 1 & 0.9 \\ 0.8 & 0.9 & 1 \end{pmatrix} \fallingdotseq \begin{pmatrix} \sqrt{2.60} \times 0.55 \\ \sqrt{2.60} \times 0.58 \\ \sqrt{2.60} \times 0.60 \end{pmatrix} \left(\sqrt{2.60} \times 0.55 \quad \sqrt{2.60} \times 0.58 \quad \sqrt{2.60} \times 0.60 \right)$$

這樣的關係
會成立！

耶～～真
有趣。

要了解因素分析，
這個觀念很重要，
千萬別忘了。

遵命！
我明白了！

今天的課就
上到這裡。

謝謝老師！

對了，琉衣下次要不要來我家？

我買了好喝的茶

當然要去！

下星期見囉！

麻煩您了！

碰！

好！只差一步了！

越來越靠近山本衛了……

趕緊複習

琉衣……

看來……她是認真的！

❀ 6. 矩陣的補充內容 ❀

6.1 矩陣的標示規則

例如：聯立方程式 $\begin{cases} x_1 + 2x_2 = -1 \\ 3x_1 + 4x_2 = 5 \end{cases}$ 寫成 $\begin{pmatrix} 1 & 2 \\ 3 & 4 \end{pmatrix}\begin{pmatrix} x_1 \\ x_2 \end{pmatrix} = \begin{pmatrix} -1 \\ 5 \end{pmatrix}$ ， $\begin{cases} x_1 + 2x_2 \\ 3x_1 + 4x_2 \end{cases}$ 寫成 $\begin{pmatrix} 1 & 2 \\ 3 & 4 \end{pmatrix}\begin{pmatrix} x_1 \\ x_2 \end{pmatrix}$ 。

總結

- $\begin{cases} a_{11}x_1 + a_{12}x_2 + \cdots + a_{1q}x_q = b_1 \\ a_{21}x_1 + a_{22}x_2 + \cdots + a_{2q}x_q = b_2 \\ \cdots\cdots\cdots\cdots\cdots\cdots \\ a_{p1}x_1 + a_{p2}x_2 + \cdots + a_{pq}x_q = b_p \end{cases}$ **寫成** $\begin{pmatrix} a_{11} & a_{12} & \cdots & a_{1q} \\ a_{21} & a_{22} & \cdots & a_{2q} \\ \vdots & \vdots & \ddots & \vdots \\ a_{p1} & a_{p2} & \cdots & a_{pq} \end{pmatrix}\begin{pmatrix} x_1 \\ x_2 \\ \vdots \\ x_q \end{pmatrix} = \begin{pmatrix} b_1 \\ b_2 \\ \vdots \\ b_p \end{pmatrix}$

- $\begin{cases} a_{11}x_1 + a_{12}x_2 + \cdots + a_{1q}x_q \\ a_{21}x_1 + a_{22}x_2 + \cdots + a_{2q}x_q \\ \cdots\cdots\cdots\cdots\cdots\cdots \\ a_{p1}x_1 + a_{p2}x_2 + \cdots + a_{pq}x_q \end{cases}$ **寫成** $\begin{pmatrix} a_{11} & a_{12} & \cdots & a_{1q} \\ a_{21} & a_{22} & \cdots & a_{2q} \\ \vdots & \vdots & \ddots & \vdots \\ a_{p1} & a_{p2} & \cdots & a_{pq} \end{pmatrix}\begin{pmatrix} x_1 \\ x_2 \\ \vdots \\ x_q \end{pmatrix}$

6.2 矩陣的加法

例如：$\begin{pmatrix} 1 & 2 \\ 3 & 4 \end{pmatrix}$ 和 $\begin{pmatrix} 4 & 5 \\ -2 & 4 \end{pmatrix}$ 相加，也就是 $\begin{pmatrix} 1 & 2 \\ 3 & 4 \end{pmatrix} + \begin{pmatrix} 4 & 5 \\ -2 & 4 \end{pmatrix}$

可以用 $\begin{pmatrix} 1+ & 4 & 2+5 \\ 3+(-2) & 4+4 \end{pmatrix}$ 這樣來計算。

總結

$\begin{pmatrix} a_{11} & a_{12} & \cdots & a_{1q} \\ a_{21} & a_{22} & \cdots & a_{2q} \\ \vdots & \vdots & \ddots & \vdots \\ a_{p1} & a_{p2} & \cdots & a_{pq} \end{pmatrix}$ 和 $\begin{pmatrix} b_{11} & b_{12} & \cdots & b_{1q} \\ b_{21} & b_{22} & \cdots & b_{2q} \\ \vdots & \vdots & \ddots & \vdots \\ b_{p1} & b_{p2} & \cdots & b_{pq} \end{pmatrix}$ 相加，

也就是 $\begin{pmatrix} a_{11} & a_{12} & \cdots & a_{1q} \\ a_{21} & a_{22} & \cdots & a_{2q} \\ \vdots & \vdots & \ddots & \vdots \\ a_{p1} & a_{p2} & \cdots & a_{pq} \end{pmatrix} + \begin{pmatrix} b_{11} & b_{12} & \cdots b_{1q} \\ b_{21} & b_{22} & \cdots b_{2q} \\ \vdots & \vdots & \ddots & \vdots \\ b_{p1} & b_{p2} & \cdots b_{pq} \end{pmatrix}$

等於 $\begin{pmatrix} a_{11}+b_{11} & a_{12}+b_{12} & \cdots & a_{1q}+b_{1q} \\ a_{21}+b_{21} & a_{22}+b_{22} & \cdots & a_{2q}+b_{2q} \\ \vdots & \vdots & \ddots & \vdots \\ a_{p1}+b_{p1} & a_{p2}+b_{p2} & \cdots & a_{pq}+b_{pq} \end{pmatrix}$

6.3 矩陣的乘法

例如：$\begin{pmatrix} 1 & 2 \\ 3 & 4 \end{pmatrix}$ 和 $\begin{pmatrix} x_1 & y_1 \\ x_2 & y_2 \end{pmatrix}$ 相乘，也就是 $\begin{pmatrix} 1 & 2 \\ 3 & 4 \end{pmatrix}\begin{pmatrix} x_1 & y_1 \\ x_2 & y_2 \end{pmatrix}$

與其說是「乘法」，其實只是同時表示 $\begin{pmatrix} 1 & 2 \\ 3 & 4 \end{pmatrix}\begin{pmatrix} x_1 \\ x_2 \end{pmatrix}$ 和 $\begin{pmatrix} 1 & 2 \\ 3 & 4 \end{pmatrix}\begin{pmatrix} y_1 \\ y_2 \end{pmatrix}$，也就是

$\begin{cases} x_1 + 2x_2 \\ 3x_1 + 4x_2 \end{cases}$ 和 $\begin{cases} y_1 + 2y_2 \\ 3y_1 + 4y_2 \end{cases}$ 。

$$\begin{pmatrix} 1 & 2 & 3 \\ 4 & 5 & 6 \\ 7 & 8 & 9 \\ 10 & 11 & 12 \\ 13 & 14 & 15 \end{pmatrix} \begin{pmatrix} k_1 & l_1 & m_1 & n_1 \\ k_2 & l_2 & m_2 & n_2 \\ k_3 & l_3 & m_3 & n_3 \end{pmatrix} \text{ 是：}$$

$$\cdot \quad \begin{pmatrix} 1 & 2 & 3 \\ 4 & 5 & 6 \\ 7 & 8 & 9 \\ 10 & 11 & 12 \\ 13 & 14 & 15 \end{pmatrix} \begin{pmatrix} k_1 \\ k_2 \\ k_3 \end{pmatrix} = \begin{pmatrix} k_1 + 2k_2 + 3k_3 \\ 4k_1 + 5k_2 + 6k_3 \\ 7k_1 + 8k_2 + 9k_3 \\ 10k_1 + 11k_2 + 12k_3 \\ 13k_1 + 14k_2 + 15k_3 \end{pmatrix}$$

$$\cdot \quad \begin{pmatrix} 1 & 2 & 3 \\ 4 & 5 & 6 \\ 7 & 8 & 9 \\ 10 & 11 & 12 \\ 13 & 14 & 15 \end{pmatrix} \begin{pmatrix} l_1 \\ l_2 \\ l_3 \end{pmatrix} = \begin{pmatrix} l_1 + 2l_2 + 3l_3 \\ 4l_1 + 5l_2 + 6l_3 \\ 7l_1 + 8l_2 + 9l_3 \\ 10l_1 + 11l_2 + 12l_3 \\ 13l_1 + 14l_2 + 15l_3 \end{pmatrix}$$

$$\cdot \quad \begin{pmatrix} 1 & 2 & 3 \\ 4 & 5 & 6 \\ 7 & 8 & 9 \\ 10 & 11 & 12 \\ 13 & 14 & 15 \end{pmatrix} \begin{pmatrix} m_1 \\ m_2 \\ m_3 \end{pmatrix} = \begin{pmatrix} m_1 + 2m_2 + 3m_3 \\ 4m_1 + 5m_2 + 6m_3 \\ 7m_1 + 8m_2 + 9m_3 \\ 10m_1 + 11m_2 + 12m_3 \\ 13m_1 + 14m_2 + 15m_3 \end{pmatrix}$$

$$\cdot \quad \begin{pmatrix} 1 & 2 & 3 \\ 4 & 5 & 6 \\ 7 & 8 & 9 \\ 10 & 11 & 12 \\ 13 & 14 & 15 \end{pmatrix} \begin{pmatrix} n_1 \\ n_2 \\ n_3 \end{pmatrix} = \begin{pmatrix} n_1 + 2n_2 + 3n_3 \\ 4n_1 + 5n_2 + 6n_3 \\ 7n_1 + 8n_2 + 9n_3 \\ 10n_1 + 11n_2 + 12n_3 \\ 13n_1 + 14n_2 + 15n_3 \end{pmatrix}$$

所以等於：

$$\begin{pmatrix} k_1 + 2k_2 + 3k_3 & l_1 + 2l_2 + 3l_3 & m_1 + 2m_2 + 3m_3 & n_1 + 2n_2 + 3n_3 \\ 4k_1 + 5k_2 + 6k_3 & 4l_1 + 5l_2 + 6l_3 & 4m_1 + 5m_2 + 6m_3 & 4n_1 + 5n_2 + 6n_3 \\ 7k_1 + 8k_2 + 9k_3 & 7l_1 + 8l_2 + 9l_3 & 7m_1 + 8m_2 + 9m_3 & 7n_1 + 8n_2 + 9n_3 \\ 10k_1 + 11k_2 + 12k_3 & 10l_1 + 11l_2 + 12l_3 & 10m_1 + 11m_2 + 12m_3 & 10n_1 + 11n_2 + 12n_3 \\ 13k_1 + 14k_2 + 15k_3 & 13l_1 + 14l_2 + 15l_3 & 13m_1 + 14m_2 + 15m_3 & 13n_1 + 14n_2 + 15n_3 \end{pmatrix}$$

$$\begin{pmatrix} a_{11} & a_{12} & \cdots & a_{1q} \\ a_{21} & a_{22} & \cdots & a_{2q} \\ \vdots & \vdots & \ddots & \vdots \\ a_{p1} & a_{p2} & \cdots & a_{pq} \end{pmatrix}$$ 和 $$\begin{pmatrix} x_{11} & x_{12} & \cdots & x_{1r} \\ x_{21} & x_{22} & \cdots & x_{2r} \\ \vdots & \vdots & \ddots & \vdots \\ x_{q1} & x_{q2} & \cdots & x_{qr} \end{pmatrix}$$ 相乘，

也就是 $$\begin{pmatrix} a_{11} & a_{12} & \cdots & a_{1q} \\ a_{21} & a_{22} & \cdots & a_{2q} \\ \vdots & \vdots & \ddots & \vdots \\ a_{p1} & a_{p2} & \cdots & a_{pq} \end{pmatrix}\begin{pmatrix} x_{11} & x_{12} & \cdots & x_{1r} \\ x_{21} & x_{22} & \cdots & x_{2r} \\ \vdots & \vdots & \ddots & \vdots \\ x_{q1} & x_{q2} & \cdots & x_{qr} \end{pmatrix}$$

與其說是「乘法」，其實只是同時表示：

$$\begin{pmatrix} a_{11} & a_{12} & \cdots & a_{1q} \\ a_{21} & a_{22} & \cdots & a_{2q} \\ \vdots & \vdots & \ddots & \vdots \\ a_{p1} & a_{p2} & \cdots & a_{pq} \end{pmatrix}\begin{pmatrix} x_{11} \\ x_{21} \\ \vdots \\ x_{q1} \end{pmatrix}$$ 和 $$\begin{pmatrix} a_{11} & a_{12} & \cdots & a_{1q} \\ a_{21} & a_{22} & \cdots & a_{2q} \\ \vdots & \vdots & \ddots & \vdots \\ a_{p1} & a_{p2} & \cdots & a_{pq} \end{pmatrix}\begin{pmatrix} x_{12} \\ x_{22} \\ \vdots \\ x_{q2} \end{pmatrix}$$ 和……

$$\begin{pmatrix} a_{11} & a_{12} & \cdots & a_{1q} \\ a_{21} & a_{22} & \cdots & a_{2q} \\ \vdots & \vdots & \ddots & \vdots \\ a_{p1} & a_{p2} & \cdots & a_{pq} \end{pmatrix}\begin{pmatrix} x_{1r} \\ x_{2r} \\ \vdots \\ x_{qr} \end{pmatrix},$$

也就是 $$\begin{cases} a_{11}x_{11} + a_{12}x_{21} + \cdots + a_{1q}x_{q1} \\ a_{21}x_{11} + a_{22}x_{21} + \cdots + a_{2q}x_{q1} \\ \cdots\cdots\cdots\cdots\cdots\cdots\cdots\cdots\cdots\cdots\cdots \\ a_{p1}x_{11} + a_{p2}x_{21} + \cdots + a_{pq}x_{q1} \end{cases}$$ 和 $$\begin{cases} a_{11}x_{12} + a_{12}x_{22} + \cdots + a_{1q}x_{q2} \\ a_{21}x_{12} + a_{22}x_{22} + \cdots + a_{2q}x_{q2} \\ \cdots\cdots\cdots\cdots\cdots\cdots\cdots\cdots\cdots\cdots\cdots \\ a_{p1}x_{12} + a_{p2}x_{22} + \cdots + a_{pq}x_{q2} \end{cases}$$ 和……

$$\begin{cases} a_{11}x_{1r} + a_{12}x_{2r} + \cdots + a_{1q}x_{qr} \\ a_{21}x_{1r} + a_{22}x_{2r} + \cdots + a_{2q}x_{qr} \\ \cdots\cdots\cdots\cdots\cdots\cdots\cdots\cdots\cdots\cdots\cdots \\ a_{p1}x_{1r} + a_{p2}x_{2r} + \cdots + a_{pq}x_{qr} \end{cases}$$

6.4 反矩陣

例如：$\begin{pmatrix} 1 & 2 \\ 3 & 4 \end{pmatrix}$ 的**反矩陣**，代表和 $\begin{pmatrix} 1 & 2 \\ 3 & 4 \end{pmatrix}$ 相乘等於 $\begin{pmatrix} 1 & 0 \\ 0 & 1 \end{pmatrix}$ 的2列2行矩陣。

$\begin{pmatrix} 1 & 2 \\ 3 & 4 \end{pmatrix}$ 的反矩陣通常寫成 $\begin{pmatrix} 1 & 2 \\ 3 & 4 \end{pmatrix}^{-1}$。

範例

因為 $\begin{pmatrix} 1 & 2 \\ 3 & 4 \end{pmatrix}\begin{pmatrix} -2 & 1 \\ 1.5 & -0.5 \end{pmatrix} = \begin{pmatrix} 1\times(-2)+2\times1.5 & 1\times1+2\times(-0.5) \\ 3\times(-2)+4\times1.5 & 3\times1+4\times(-0.5) \end{pmatrix} = \begin{pmatrix} 1 & 0 \\ 0 & 1 \end{pmatrix}$，

所以 $\begin{pmatrix} -2 & 1 \\ 1.5 & -0.5 \end{pmatrix} = \begin{pmatrix} 1 & 2 \\ 3 & 4 \end{pmatrix}^{-1}$。

總結

$\begin{pmatrix} a_{11} & a_{12} & \cdots & a_{1p} \\ a_{21} & a_{22} & \cdots & a_{2p} \\ \vdots & \vdots & \ddots & \vdots \\ a_{p1} & a_{p2} & \cdots & a_{pp} \end{pmatrix}$ 的反矩陣 $\begin{pmatrix} a_{11} & a_{12} & \cdots & a_{1p} \\ a_{21} & a_{22} & \cdots & a_{2p} \\ \vdots & \vdots & \ddots & \vdots \\ a_{p1} & a_{p2} & \cdots & a_{pp} \end{pmatrix}^{-1}$，代表

和 $\begin{pmatrix} a_{11} & a_{12} & \cdots & a_{1p} \\ a_{21} & a_{22} & \cdots & a_{2p} \\ \vdots & \vdots & \ddots & \vdots \\ a_{p1} & a_{p2} & \cdots & a_{pp} \end{pmatrix}$ 相乘等於 $\begin{pmatrix} 1 & 0 & \cdots & 0 \\ 0 & 1 & \cdots & 0 \\ \vdots & \vdots & \ddots & \vdots \\ 0 & 0 & \cdots & 1 \end{pmatrix}$ 的 p 列 p 行矩陣。

6.5　轉置矩陣

例如：$\begin{pmatrix} 1 & 2 \\ 3 & 4 \end{pmatrix}$ 的**轉置矩陣**，以 $\begin{pmatrix} 1 & 3 \\ 2 & 4 \end{pmatrix}$ 表示，也就是把 $\begin{pmatrix} 1 & 2 \\ 3 & 4 \end{pmatrix}$ 的行、列對調之後的矩陣。

$\begin{pmatrix} 1 & 2 \\ 3 & 4 \end{pmatrix}$ 的轉置矩陣通常寫成 $^t\begin{pmatrix} 1 & 2 \\ 3 & 4 \end{pmatrix}$ 或 $\begin{pmatrix} 1 & 2 \\ 3 & 4 \end{pmatrix}^t$ 或 $\begin{pmatrix} 1 & 2 \\ 3 & 4 \end{pmatrix}'$。

範例

$\begin{pmatrix} 1 & 2 & 3 \\ 4 & 5 & 6 \\ 7 & 8 & 9 \\ 10 & 11 & 12 \\ 13 & 14 & 15 \end{pmatrix}$ 的轉置矩陣 $^t\begin{pmatrix} 1 & 2 & 3 \\ 4 & 5 & 6 \\ 7 & 8 & 9 \\ 10 & 11 & 12 \\ 13 & 14 & 15 \end{pmatrix}$ 是 $\begin{pmatrix} 1 & 4 & 7 & 10 & 13 \\ 2 & 5 & 8 & 11 & 14 \\ 3 & 6 & 9 & 12 & 15 \end{pmatrix}$

$(-3 \quad 0 \quad 8 \quad -7)$ 的轉置矩陣 $'(-3 \quad 0 \quad 8 \quad -7)$ 是 $\begin{pmatrix} -3 \\ 0 \\ 8 \\ -7 \end{pmatrix}$。

總結

$\begin{pmatrix} a_{11} & a_{12} & \cdots & a_{1q} \\ a_{21} & a_{22} & \cdots & a_{2q} \\ \vdots & \vdots & \ddots & \vdots \\ a_{p1} & a_{p2} & \cdots & a_{pq} \end{pmatrix}$ 的轉置矩陣 $\begin{pmatrix} a_{11} & a_{12} & \cdots & a_{1q} \\ a_{21} & a_{22} & \cdots & a_{2q} \\ \vdots & \vdots & \ddots & \vdots \\ a_{p1} & a_{p2} & \cdots & a_{pq} \end{pmatrix}^t$ 代表

把 $\begin{pmatrix} a_{11} & a_{12} & \cdots & a_{1q} \\ a_{21} & a_{22} & \cdots & a_{2q} \\ \vdots & \vdots & \ddots & \vdots \\ a_{p1} & a_{p2} & \cdots & a_{pq} \end{pmatrix}$ 的行列對調之後的矩陣 $\begin{pmatrix} a_{11} & a_{21} & \cdots & a_{p1} \\ a_{12} & a_{22} & \cdots & a_{p2} \\ \vdots & \vdots & \ddots & \vdots \\ a_{1q} & a_{2q} & \cdots & a_{pq} \end{pmatrix}$。

✿ 7. 離差平方和、變異數、標準差 ✿

美羽和麗莎帶著打工的朋友一起去卡拉OK，分成兩組競賽，每組各有5人，結果如下表：

◆表 3.1　歌唱對抗賽的結果

	美羽小組 （分）		麗莎小組 （分）
美羽	48	麗莎	67
小優	32	琉衣	55
愛子	88	娜娜	61
瑪雅	61	小雪	63
瑪莉	71	麗花	54
平均	60	平均	60

把上表改成圖表，如下：

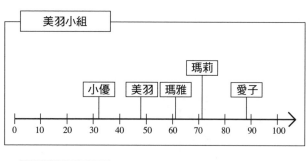

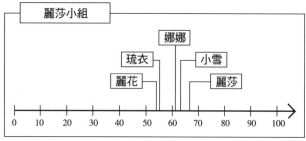

◆圖 3.1　歌唱對抗賽的結果

美羽小組和麗莎小組的平均得分都是60分，可是歌唱時的氣氛相差很大。美羽小組的成員得分互有高下，數據的「分散程度」比較大。

離差平方和、變異數、標準差是表示數據「分散程度」的指標。這些指標具有下列特徵：

‧ 最小值都是 0
‧ 數據的「分散程度」越大，指標值越大

離差平方和經常出現在迴歸分析等分析方法的計算過程中。其計算方法是：

$$所有（個別數據 - 平均）^2\ 的總和$$

數據個數越多，離差平方和越大，這是致命的缺點，所以，實際上並不以離差平方和作爲代表「分散程度」的指標。

變異數是解決了離差平方和的缺點之後得到的指標，計算方法[注] 是：

$$\frac{離差平方和}{數據個數}$$

標準差在本質上和變異數一樣，計算方法是：

$$\sqrt{變異數}$$

請計算美羽小組和麗莎小組的離差平方和、變異數、標準差。

◆表 3.2　美羽小組和麗莎小組的離差平方和、變異數、標準差

	美羽小組	麗莎小組
離差平方和	$(48-60)^2 + (32-60)^2 + (88-60)^2 + (61-60)^2 + (71-60)^2$ $= (-12)^2 + (-28)^2 + 28^2 + 1^2 + 11^2$ $= 1834$	$(67-60)^2 + (55-60)^2 + (61-60)^2 + (63-60)^2 + (54-60)^2$ $= 7^2 + (-5)^2 + 1^2 + 3^2 + (-6)^2$ $= 120$
變異數	$\dfrac{1834}{5} = 366.8$	$\dfrac{120}{5} = 24$
標準差	$\sqrt{366.8} = 19.2$	$\sqrt{24} = 4.9$

注　變異數的分母是「數據個數」時稱為母體變異數；分母是「數據個數減 1」時稱為**樣本變異數**。要詳細說明的話太占篇幅，本書省略兩者的差別。本書後面提到的變異數都代表樣本變異數，標準差都代表 $\sqrt{樣本變異數}$。

第4章

主成分分析

我自己預習過了喔。

你看！這本書用的應該就是因素分析吧!?

透視
消費者心理

哪個部分？

翻……

透視

可惜，這是「主成分分析」的手法喔。

喔？我搞錯了？

嗯……該怎麼辦呢……

？

你想學主成分分析嗎？

啊？

主成分分析和因素分析很相似，這兩種分析法很多人經常搞混。

為了避免以後搞錯，最好趁這次機會好好學習……

原來如此……

看你想不想學囉！

唔……該怎麼辦呢？

我想快點學會因素分析……

沒想到你還知道這兩者的差別。

那當然！

這樣好像也不錯……

好！挑戰看看吧……

你確定？

什麼是主成分分析？ ❋

好！今天改變計畫，先教你主成分分析！

好！請多多指教！

只要對主成分分析加上限制條件，有時候「主成分分析＝因素分析」喔！

這麼相似！？

可是反過來說，如果不加上限制條件，「主成分分析≠因素分析」。

這到底是什麼樣的分析方法？

主成分分析是……

找出「綜合力冠軍」的分析方法。

什麼意思？

上個月的電影雜誌剛好有適合的數據……

琉衣經常看電影嗎？

梅隆學園物語 the movie

嗯！有時候會去電影院，有時候在家看 DVD。

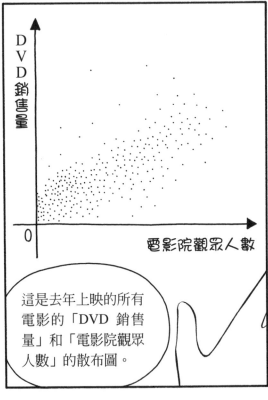

DVD銷售量

0

電影院觀眾人數

這是去年上映的所有電影的「DVD 銷售量」和「電影院觀眾人數」的散布圖。

想想看哪一部電影最受歡迎？

咦？

應該是這個地方的點吧？

0

嗯！沒錯！

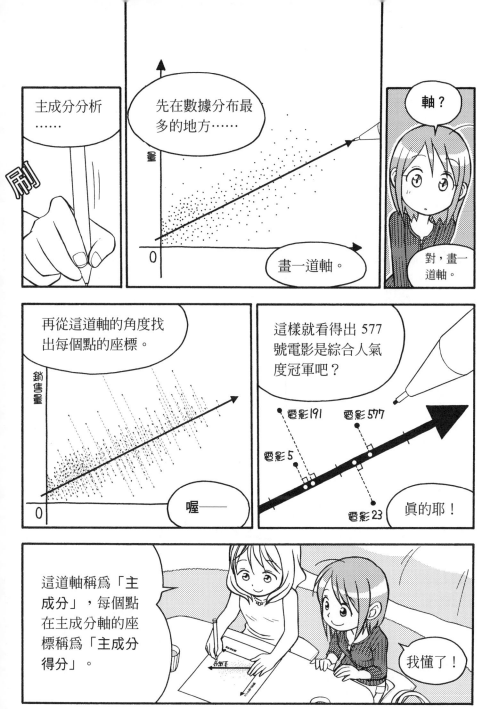

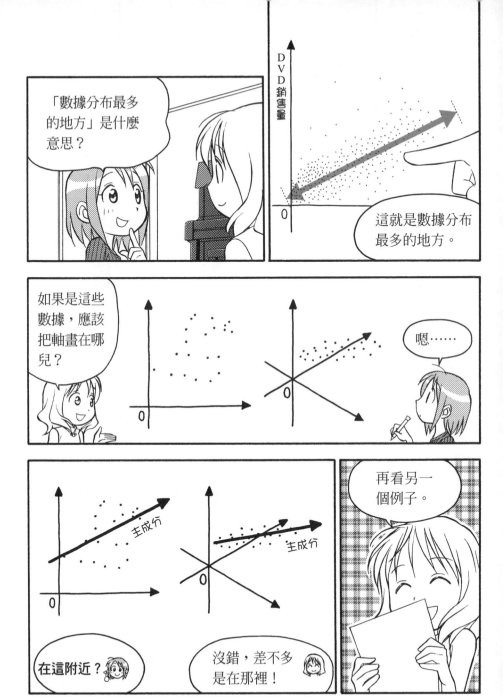

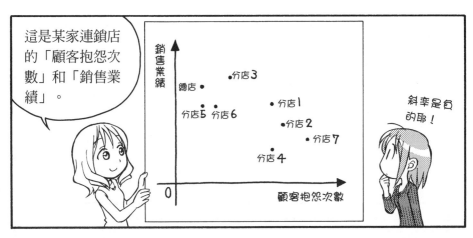

這是某家連鎖店的「顧客抱怨次數」和「銷售業績」。

斜率是負的耶！

在這個例子裡綜合業績最好的店和最差的店在哪兒？

嗯……

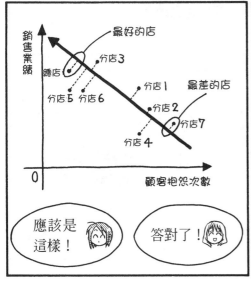

應該是這樣！

答對了！

大致了解主成分分析是怎麼一回事了嗎？

嗯！

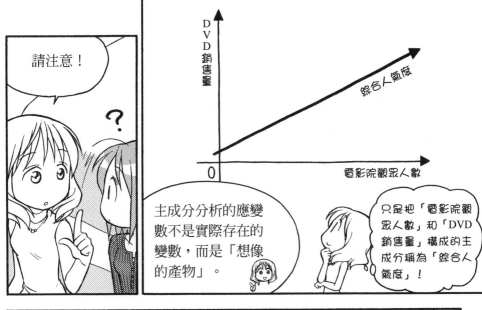

請注意！

主成分分析的應變數不是實際存在的變數，而是「想像的產物」。

只是把「電影院觀眾人數」和「DVD銷售量」構成的主成分稱為「綜合人氣度」！

嗯！
的確沒有「綜合人氣度」這種數據。

主成分分析
注意事項
2

第二

主成分分析的計算方法有兩種：

「把分析數據標準化」的方法和「不把分析數據標準化」兩種。

不把分析數據標準化的方法

	電影院觀眾人數（萬人）	DVD 銷售量（萬張）
電影 1	980	90
⋮	⋮	⋮
電影 742	770	110
平均	660	90
標準差	120	17

把分析數據標準化的方法

	「電影院觀眾人數」的基準値 u_1	「DVD 銷售量」的基準値 u_2
電影 1	2.7	0
⋮	⋮	⋮
電影 742	0.9	1.2
平均	0	0
標準差	1	1

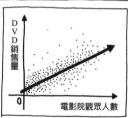

標準化會讓主成分成為通過原點、斜率45°的軸。

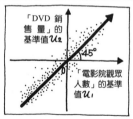

為了把「電影院觀眾人數」和「DVD 銷售量」改為相同單位嗎？

我也知道

沒錯！

比較多人選擇先把數據標準化之後再分析的方法。

所以今天就來說明這種計算方法。

好！

第三

以等式和圖表示
主成分分析的結構

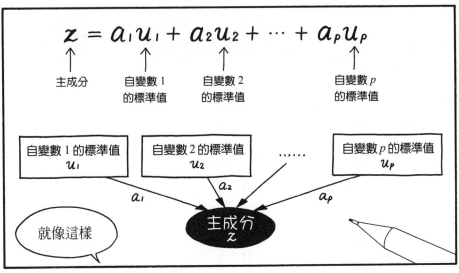

$$z = a_1u_1 + a_2u_2 + \cdots + a_pu_p$$

主成分 　自變數 1　　　自變數 2　　　　　　自變數 p
　　　　的標準值　　　的標準值　　　　　　的標準值

自變數 1 的標準值
u_1

自變數 2 的標準值
u_2

……

自變數 p 的標準值
u_p

a_1　　　　　a_2　　　　　　　　a_p

主成分
z

就像這樣

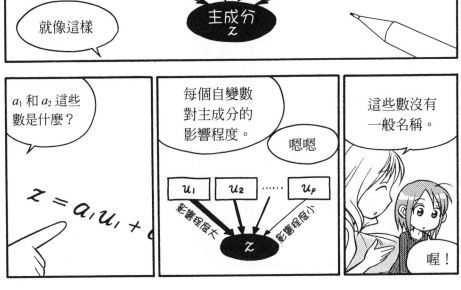

a_1 和 a_2 這些
數是什麼？

$$z = a_1u_1 + a_1$$

每個自變數
對主成分的
影響程度。

嗯嗯

u_1　u_2　……　u_p

影響程度大　　　影響程度小

z

這些數沒有
一般名稱。

喔！

101

第四項和主成分
的個數有關。

個數？軸畫在分布程
度最大的地方，這樣
應該只有一道軸吧？

不，其實主成分的個數
和自變數的個數一樣。

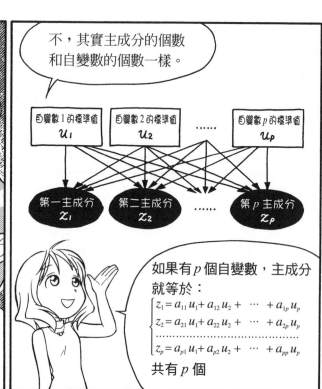

自變數1的標準值 u_1

自變數2的標準值 u_2

自變數 p 的標準值 u_p

第一主成分 z_1

第二主成分 z_2

第 p 主成分 z_p

如果有 p 個自變數，主成分
就等於：

$$
\begin{cases}
z_1 = a_{11} u_1 + a_{12} u_2 + \cdots + a_{1p} u_p \\
z_2 = a_{21} u_1 + a_{22} u_2 + \cdots + a_{2p} u_p \\
\quad\vdots \\
z_p = a_{p1} u_1 + a_{p2} u_2 + \cdots + a_{pp} u_p
\end{cases}
$$

共有 p 個

其中代表「綜合力」
的是第一主成分。

每個主成分會互相垂直

第１主成分

涵蓋分布程度最大
的軸是第一主成分

其他主成分
是什麼？

這些主成分和「分析者
的意圖無關，是（以數
學規則）自動求得的數
值」，沒有特殊意義。

咦？辛苦計算，竟然沒有意義？

不過，有時候可以事後加以解釋，例如：「第二主成分的正向代表『高成本型』、負向代表『低成本型』；第三主成分的正向代表『活動型』、負向代表『沉靜型』」等。也就是看了結果之後，自己才賦予結果意義。

看了結果自己才給予意義啊……

還有一點！

主成分的個數和自變數的個數一樣，可是通常主成分分析只求第一主成分和第二主成分，把結果畫成二維的散布圖。

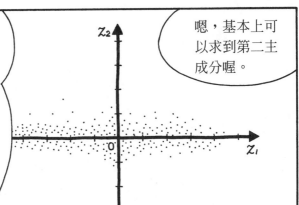

嗯，基本上可以求到第二主成分喔。

現在就根據剛才的知識，來挑戰實際範例吧！

要分析什麼數據呢？

這本書！

生活情報雜誌？

這期的專題報導正好派得上用場。

？

你看！

大對抗
人氣拉麵店
徹底剖析

哇！
拉麵！

琉衣很喜歡拉麵吧！？

對啊，我超愛的！

專題報導從「麵」、「料」、「湯頭」三種角度進行五階段評分。

喔

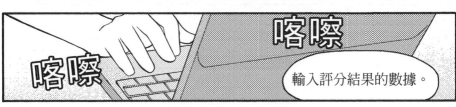

喀嚓

喀嚓

輸入評分結果的數據。

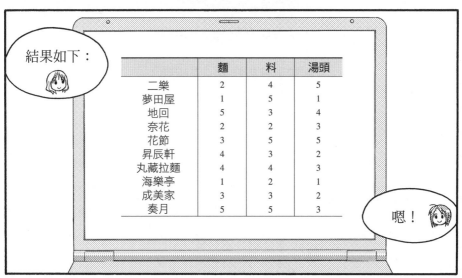

結果如下：

	麵	料	湯頭
二樂	2	4	5
夢田屋	1	5	1
地回	5	3	4
奈花	2	2	3
花節	3	5	5
昇辰軒	4	3	2
丸藏拉麵	4	4	3
海樂亭	1	2	1
成美家	3	3	2
奏月	5	5	3

嗯！

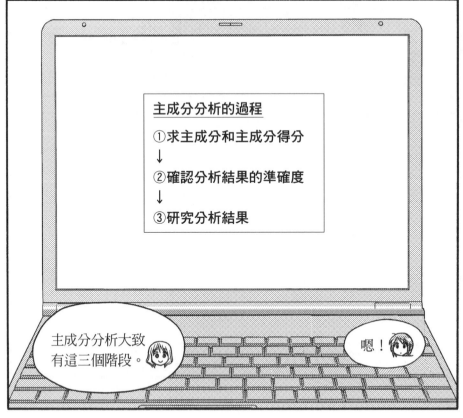

①求主成分和主成分得分

按照步驟 1 到步驟 7，可以計算出主成分和主成分得分。
數學內容太艱深，在此省略不談，不過，請記住計算過程是利用「Lagrange 未定係數乘子運算法」。

步驟 1 把變數標準化

	麵	料	湯頭
二樂	2	4	5
夢田屋	1	5	1
地回	5	3	4
奈花	2	2	3
花節	3	5	5
昇辰軒	4	3	2
丸藏拉麵	4	4	3
海樂亭	1	2	1
成美家	3	3	2
奏月	5	5	3
平均	3.0	3.6	2.9
標準差	1.5	1.2	1.4

	麵的標準值 u_1	料的標準值 u_2	湯頭的標準值 u_3
二樂	−0.7	0.3	1.4
夢田屋	−1.3	1.2	−1.3
地回	1.3	−0.5	0.8
奈花	−0.7	−1.4	0.1
花節	0.0	1.2	1.4
昇辰軒	0.7	−0.5	−0.6
丸藏拉麵	0.7	0.3	0.1
海樂亭	−1.3	−1.4	−1.3
成美家	0.0	−0.5	−0.6
奏月	1.3	1.2	▶ 0.1
平均	0	0	0
標準差	1	1	1

$$\sqrt{\frac{(2-3.0)^2 + \cdots + (5-3.0)^2}{10-1}} = 1.5$$

$$\frac{3-2.9}{1.4} = 0.1$$

主成分分析進行標準化計算時，通常將標準差的分母定義為「數據個數減 1」。

步驟 2 求相關矩陣

	麵	料	湯頭
麵	1	0.19	0.36
料	0.19	1	0.30
湯頭	0.36	0.30	1

步驟 3

求出滿足 $\begin{pmatrix} 1 & 0.19 & 0.36 \\ 0.19 & 1 & 0.30 \\ 0.36 & 0.30 & 1 \end{pmatrix} \begin{pmatrix} a_1 \\ a_2 \\ a_3 \end{pmatrix} = \lambda \begin{pmatrix} a_1 \\ a_2 \\ a_3 \end{pmatrix}$ 等式的固有值 λ 和固有向量

$\begin{pmatrix} a_1 \\ a_2 \\ a_3 \end{pmatrix}$。（固有向量能讓等式 $a_1^2 + a_2^2 + a_3^2 = 1$ 成立）

利用數據分析軟體，求得下列結果。

固有值 λ	固有向量 $\begin{pmatrix} a_1 \\ a_2 \\ a_3 \end{pmatrix}$
1.6	$\begin{pmatrix} 0.57 \\ 0.52 \\ 0.63 \end{pmatrix}$
0.8	$\begin{pmatrix} -0.60 \\ 0.79 \\ -0.11 \end{pmatrix}$
0.6	$\begin{pmatrix} -0.55 \\ -0.32 \\ 0.77 \end{pmatrix}$

根據步驟 3 的結果畫散布圖：
　　・最大的固有值和相對應的固有向量
　　・第二大的固有值和相對應的固有向量

	座標
麵	(0.57 , −0.60)
料	(0.52 , 0.79)
湯頭	(0.63 , −0.11)

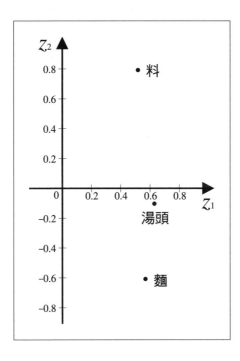

步驟 5　根據步驟 4，確定第一主成分和第二主成分如下：

$$z_1 = 0.57u_1 + 0.52u_2 + 0.63u_3$$
$$z_2 = -0.60u_1 + 0.79u_2 - 0.11u_3$$

「麵」的標準值　「料」的標準值　「湯頭」的標準值

和最大的固有值相對應的固有向量就是第一主成分的係數。同樣的，和第 p 大的固有值相對應的固有向量就是第 p 主成分的係數。

步驟 6　求出每家店在第一主成分的座標和在第二主成分的座標，也就是第一主成分得分和第二主成分得分

	麵的標準值 u_1	料的標準值 u_2	湯頭的標準值 u_3		第一主成分 z_1	第二主成分 z_2
二樂	−0.7	0.3	1.4	→	0.7	0.5
夢田屋	−1.3	1.2	−1.3	→	−1.0	1.9
地回	1.3	−0.5	0.8	→	1.0	−1.3
奈花	−0.7	−1.4	0.1	→	−1.1	−0.7
花節	0.0	1.2	1.4	→	1.5	0.8
昇辰軒	0.7	−0.5	−0.6	→	−0.3	−0.7
丸藏拉麵	0.7	0.3	0.1	→	0.6	−0.1
海樂亭	−1.3	−1.4	−1.3	→	−2.3	−0.1
成美家	0.0	−0.5	−0.6	→	−0.7	−0.3
奏月	1.3	1.2	0.1	→	1.4	0.1
平均	0	0	0	→	0	0
標準差	1	1	1	→	$\sqrt{1.6}$	$\sqrt{0.8}$

$0.57 \times 1.3 + 0.52 \times 1.2 + 0.63 \times 0.1 = 1.4$　　　$\sqrt{\text{固有值}}$

	座標
二樂	(0.7， 0.5)
夢田屋	(−1.0， 1.9)
地回	(1.0， −1.3)
奈花	(−1.1， −0.7)
花節	(1.5， 0.8)
昇辰軒	(−0.3， −0.7)
丸藏拉麵	(0.6， −0.1)
海樂亭	(−2.3， −0.1)
成美家	(−0.7， −0.3)
奏月	(1.4， 0.1)

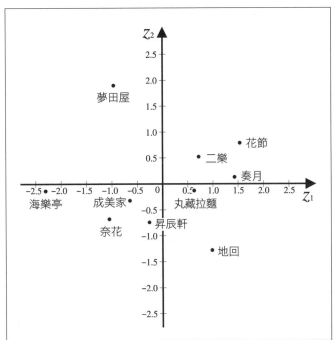

一起來確認分析結果的準確度吧！

好！

我們可以利用「累計貢獻率」判斷主成分分析的結果好不好。

什麼是累計貢獻率？

在解釋「累計貢獻率」之前，要先說明「貢獻率」。

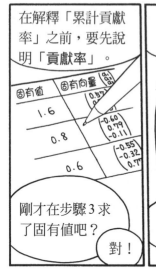

固有值	固有向量
1.6	0.57
	-0.60
	0.79
0.8	-0.11
	-0.55
	-0.32
0.6	0.7

剛才在步驟3求了固有值吧？

對！

由 p 個變數構成的相關矩陣，可求出 p 個固有值。

p 列 p 行的相關矩陣

$$\begin{pmatrix} r_{11} & r_{12} & \cdots & r_{1p} \\ r_{21} & r_{22} & \cdots & r_{2p} \\ \vdots & \vdots & \ddots & \vdots \\ r_{p1} & r_{p2} & \cdots & r_{pp} \end{pmatrix} \Rightarrow$$

・有 p 個固有值

・固有值總和為 p

求得的固有值總和為 p。

喔——

這是3列3行矩陣，固有值總和為3。

沒錯！

換句話說，每個變數可以分到固有值1。

3人分 × 3個

沒錯！

「第 i 主成分的
貢獻率」如下：

喔——

$$第 i 主成分的貢獻率 = \frac{\lambda_i}{變數個數} \times 100$$

累計貢獻率是從第一
主成分開始，依序累
加貢獻率的結果。

原來如此！

	固有值 λ	貢獻率	累計貢獻率
第一 主成分	1.6	$\frac{1.6}{3} \times 100 = 52.4\,(\%)$	$\frac{1.6}{3} \times 100 = 52.4\,(\%)$
第二 主成分	0.8	$\frac{0.8}{3} \times 100 = 27.1\,(\%)$	$\frac{1.6}{3} \times 100 + \frac{0.8}{3} \times 100 = 79.6\,(\%)$
第三 主成分	0.6	$\frac{0.6}{3} \times 100 = 20.4\,(\%)$	$\frac{1.6}{3} \times 100 + \frac{0.8}{3} \times 100 + \frac{0.6}{3} \times 100 = 100\,(\%)$

「第 i 主成分的貢獻
率」大致代表「該主
成分涵蓋了多少分析
數據所含的資訊」。

貢獻率越大，
代表涵蓋的程
度越高。

所以——

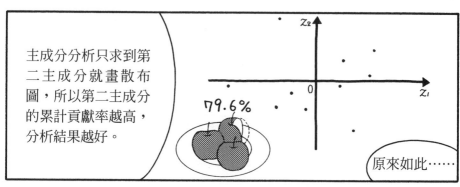

主成分分析只求到第二主成分就畫散布圖,所以第二主成分的累計貢獻率越高,分析結果越好。

79.6%

原來如此……

累計貢獻率有多大,分析結果才算好?

沒有很明確的標準。

什麼?!

不過,至少在50%以上比較好。

範例的累計貢獻率是79.6%,代表分析結果很好!

耶!

③研究分析結果

最後，一起研究分析結果吧！

好！

完成主成分分析後，就利用這兩個散布圖來研究分析結果。

好！

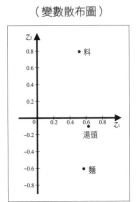

步驟 7 的圖
（個體散布圖）

夢田屋
花節
二樂
奏月
海樂亭　成美家
丸藏拉麵
奈花　昇辰軒
地回

步驟 4 的圖
（變數散布圖）

料
湯頭
麵

這兩個散布圖不能畫在同一個座標平面，不過兩個圖的軸意義相同。

喔喔！

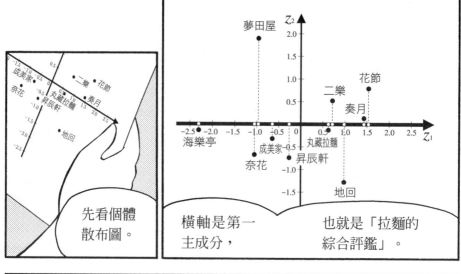

先看個體
散布圖。

橫軸是第一
主成分，

也就是「拉麵的
綜合評鑑」。

換句話說，第一名
是「花節」，第二
名是「奏月」！

沒錯！

再看看變數
散布圖。

「湯頭」的
值最大。

嗯！

對「拉麵的綜合評
鑑」影響最大的變
數是「湯頭」。

哇！

最後再比較兩個散布圖。

「夢田屋」在散布圖偏上的位置。

對啊，它的「拉麵的綜合評鑑」並不好……

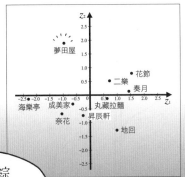

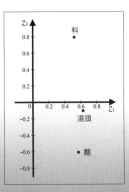

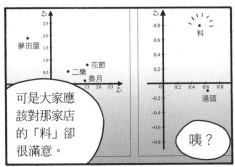

可是大家應該對那家店的「料」卻很滿意。

偏下方的「地回」應該是「麵」的得分比較高吧？

真的耶！

咦？

第二主成分的資訊也很有用耶！

是啊！

如何？你了解主成分分析了嗎？

了解！主成分分析真有用！

你在寫什麼？

「花節」的地點和營業時間……

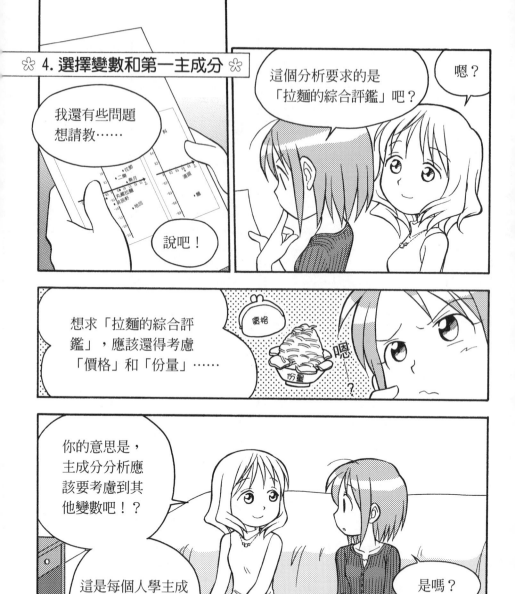

❀ 4. 選擇變數和第一主成分 ❀

把「麵」、「料」、「湯頭」這三個變數，推導出來的第一主成分定義爲「拉麵的綜合評鑑」，只不過是我們的「主觀」判斷。

把這三個已變數構成的主成分當成「拉麵的綜合評鑑」！

嗯！所以我才擔心這種主觀判斷有沒有問題……

進行主成分分析時，「選擇什麼變數作爲主成分分析的對象」和「第一主成分的定義」，

分析者可以自行決定。

自行決定？

喀擦 喀擦

嗯，舉例來說……

請看下面的例子：

補習班離家比較近的學生回家時不會在半途逗留，所以溫習功課的時間比較多，成績一定會比較好。除了「國語」、「社會」、「自然」、「英語」、「數學」之外，最好加上「住家和補習班距離的倒數」，再進行主成分分析，第一主成分才更符合「綜合成績」的定義。

	國語	社會	自然	英語	數學	住家和補習班的距離的倒數」
太郎	42	62	26	4	20	1/1200
花子	12	28	42	8	84	1/580
:	:	:	:	:	:	:

「綜合成績」
還要考慮住家
和補習班的距
離？

假如分析者這麼
想，加入這個變
數也無妨。

這麼說來，進行主
成分分析時愛怎麼
做都行……？

才不是呢！

最後分析者必須清楚說
明為什麼考慮這些自變
數，否則大家也不會接
受分析結果吧！？

沒有上補習
班的學生該
怎麼辦？

雖然很遠，
可是爸爸可
以開車接送呢！

嗯？

不必考慮住
家和學校的
距離嗎？

說得也是……

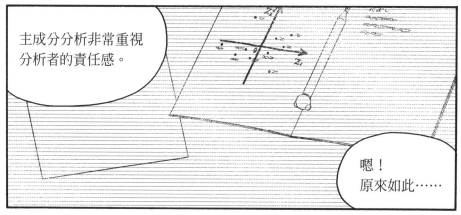

主成分分析非常重視
分析者的責任感。

嗯！
原來如此……

五十嵐先生！

嗯？

咦？

你是……

你們認識嗎？

啊！高津部長的千金！以前上門拜訪時和你說過話，對吧!?

我是高津琉衣。

對……

沒想到你們本來就認識！

我也沒想到你們是兄妹……

那……你們慢聊！

啊，等一下！

你知道山本衛什麼時候回國嗎？

山本衛？

你們公司的……

喔！和我同期進公司的山本衛啊？他出國了……

四眼田雞

什麼時候回來？他好像有很多任務，應該還要一陣子……

還要這麼久……

聲悶

我也不清楚詳細情況，真抱歉！

啊！沒關係，謝謝！

我先走了！

喪氣

啪噠

別垂頭喪氣！打起精神！琉衣！

先吃我哥拿來的點心吧！

嗯……

這家店的冰淇淋很好吃喔！

剛才的內容說得好像第一主成分一定代表綜合能力的評鑑，其實這種說法並不正確。

請看下面的例子，下表為某國中三年級學生的考試成績。

◆4.1　考試成績

	自然（分）	數學（分）	每日飯量（餐／日）
學生 A	77	82	3
學生 B	68	66	1
學生 C	93	81	2
學生 D	100	92	5
學生 E	75	70	0

以上方表格中的數據進行主成分分析：

$$z_1 = 0.56u_1 + 0.60u_2 + 0.57u_3$$

自然的標準值　　數學的標準值　　每日飯量的標準值

可以求得第一主成分。這樣求出來的結果究竟是什麼樣的綜合能力呢？按照常識判斷，這並不是什麼綜合能力。

再看另一個例子，假設你想以主成分分析突顯「綜合運動能力」，所以按照下面的步驟，求得代表「綜合運動能力」的第一主成分。

①先隨便蒐集許多變數，不管是「握力」或「喜歡的電視節目」都行。
②對這些變數進行主成分分析。

實際上應該按照下列步驟，第一主成分才能代表「綜合運動能力」。

①蒐集與「綜合運動能力」相關的變數。

②對這些變數進行主成分分析。

　　總而言之，進行主成分分析時，第一主成分未必理所當然地就代表綜合能力。分析者必須自行思考要求什麼樣的「綜合能力」，蒐集適合的變數，再進行主成分分析，第一主成分才會代表正確的意義。以煮燉牛肉為例，並非「手邊有什麼材料就放什麼材料，把蘿蔔、青椒隨便丟進去，自然就會煮出燉牛肉」，而是「想煮燉牛肉時，先想好該放什麼材料，準備好適當材料之後，才開始烹調，這樣才能煮出燉牛肉」。

　　還有一點。

　　假設你加了一大堆咖哩粉、泡菜和烏賊乾，煮了一鍋燉牛肉。這一鍋真的算是燉牛肉嗎？你當然可以硬著頭皮說這是燉牛肉，可是其他人一定不這麼認為，甚至會一臉不屑地質疑你：「搞什麼鬼？」到底放什麼材料才算「像樣的」燉牛肉？總之不會放烏賊乾，可是，燉牛肉也沒有唯一的標準程序，最後還是得仰賴廚師的常識和品味。這應該是最適當的比喻，這也就是上一節「4.選擇變數和第一主成分」所要闡明的道理。

❀ 6.判斷累計貢獻率的簡易方法 ❀

　　剛才我說過，通常以二維的散布圖來表示主成分分析的結果，因此第二主成分的累計貢獻率越大，代表「該主成分涵蓋越多分析數據所含的資訊」，分析者也能滿懷自信說「分析結果很好」。

　　可惜統計學並沒有嚴格的標準，無法定義「加到第二主成分的累計貢獻率大於××%的話，分析結果就算好」。在第114頁出現的「50%」只是筆者個人的意見，因為「如果主成分涵蓋不到一半的分析數據，恐怕很難從散布圖得到有意義的新發現」。

　　再補充一點，這可能會讓讀者越聽越糊塗。請先找任意兩個變數，進行主成分分析。你應該會發現，第二主成分的累計貢獻率一定會等於

100%。接著再以200個變數進行主成分分析,除非數據真的很理想,否則第二主成分的累計貢獻率一定會低於50%。沒錯,第二主成分的累計貢獻率會不會超過50%,取決於分析對象的變數有幾個。

所以,累計貢獻率並不是穩當的指標。可是從另一方面來看,假如第二主成分的累計貢獻率只有14%,應該沒有人會覺得分析結果很好。說不定分析者自己也會羞愧得把分析結果藏起來。

希望大家了解這一節的說明,自己想辦法設定簡單的判斷標準。

❋ 7. 第二主成分之後的主成分 ❋

對於數學知識沒有興趣的讀者可以跳過這一節。

剛才我說過,「第二主成分之後的主成分和分析者的意圖無關,是(以數學規則)自動求得的數值」,其實這句話並不完全正確。以第二主成分為例,其實第二主成分是分析者設定下列條件之後求得的軸[1]:

· 和第一主成分垂直。
· 通過數據分散程度少於第一主成分的地方。

第三主成分則是分析者設定下列條件之後求得的軸[2]:

· 和第一主成分、第二主成分垂直。
· 通過數據分布程度少於第一主成分和第二主成分的地方

換句話說,第二主成分之後的主成分並非「和分析者的意圖無關,是(以數學規則)自動求得的數值」,而是「分析者設定條件之後求得的結果」、「只要分析者不設定條件就不會得到這些主成分」。

讀者可能會覺得,分析者不必自己辛苦設定條件,只要利用分析軟體,自然就可以求得第二主成分以後的主成分。這樣的想法並沒有錯,不過,也是因為分析軟體會事先考慮到剛才所說的條件,才有辦法得到的這些主成分,計算過程非常複雜卻很方便。

　　對於數學知識沒有興趣的讀者可以跳過這一節。

　　剛才我說過第一主成分是「通過數據分布程度最大的地方的軸」。請再次回顧第107頁到第111頁的主成分分析計算過程。求第一主成分時，並未出現和數據的分布程度有關的計算，反而是利用了固有值和固有向量來計算。

　　在此略過數學上的詳細內容不談，只希望大家了解「求出通過數據分布程度最大的地方的軸」和「求相關矩陣最大的固有值與相對應的固有向量」代表相同的意義。同樣的，「求出通過數據分布程度第i大的地方的軸」和「求相關矩陣第i大的固有值與相對應的固有向量」意義也相同。

1　換 f 句話説，第二主成分是「和其他主成分互相垂直（包括第一主成分），而且通過數據分布程度第二大的地方的軸」。

2　換句話説，第三主成分是「和其他主成分互相垂直（包括第一主成分和第二主成分），而且通過數據分布程度第三大的地方的軸」。同樣的，第 i 主成分是「和其他主成分互相垂直，而且通過數據分散程度第 i 大的地方的軸」。

第**5**章

因素分析

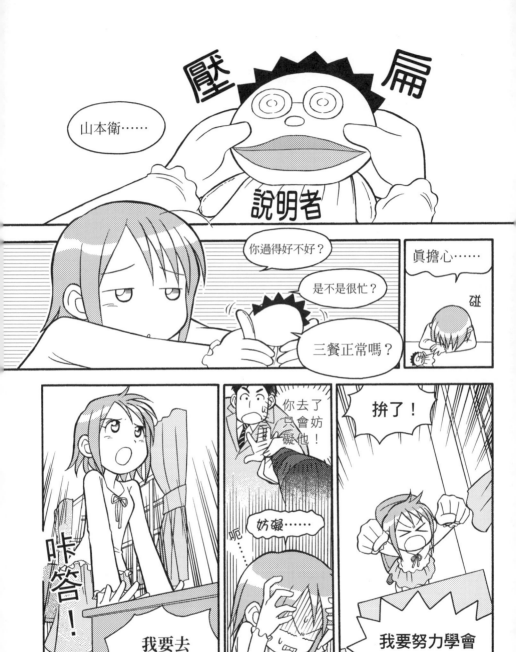

隔天……

今天終於要介紹因素分析了。

請多多指教！

今天要說明因素分析，機會難得，我們一起來修改你上次設計的問卷吧！

先拿這份問卷進行調查，再做因素分析。

好！

這是最後的主題了，琉衣！加油吧！

好！

我先來看這本雜誌。

唰！

剛好裡面有
適當的數據。

求職資訊
雜誌？

	有知名度	盡力培育 新進員工	給年輕人 機會	可以學到 專業知識 和技術	歷史悠久	支持員工 出國留學 或在職進修	成長潛力大
A	2	5	1	5	1	5	2
B	3	4	2	5	3	4	1
C	4	1	1	2	5	3	2
D	4	1	3	2	5	3	4
E	1	2	5	1	2	1	4
F	5	1	1	1	4	2	2
G	4	1	1	2	3	2	2
H	3	3	3	4	4	5	4
I	3	2	4	3	5	3	5
J	3	1	2	2	4	3	3
K	2	2	3	2	3	1	1
L	4	3	2	3	5	3	3
M	2	1	1	2	3	3	1
N	3	1	1	1	4	2	2
O	3	3	2	4	4	5	3

你看看！

這是全國大學三年
級學生針對「求職
時重視什麼」進行
的五階段評分。

給的分數越高代表越重視。

133

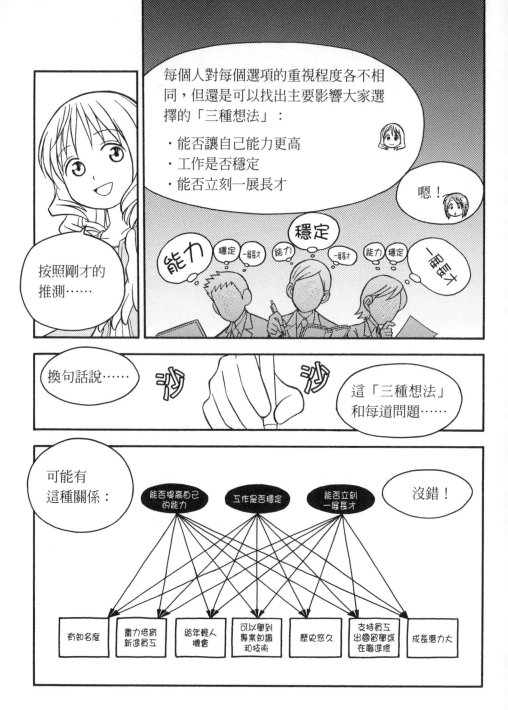

再看另一個例子。

這是某家補習班國三學生在五項科目的考試成績。

嗯！

	國語	社會	自然	英語	數學
A	93	100	89	84	77
B	100	98	89	95	86
C	84	84	99	85	100
D	70	73	92	66	77
E	70	72	89	66	75
F	66	68	95	57	82
G	74	70	96	93	88
H	74	75	95	70	79
I	76	77	92	78	83
J	79	88	100	86	100

想想剛才的數據。

這個嘛……

A和B在文科的得分很高……

其他人呢？

C和J在理科的得分很高……

按照剛才的想法，

雖然每個人各有差異，不過應該是受到下面兩種能力影響：
・文科能力
・理科能力

沒錯！

135

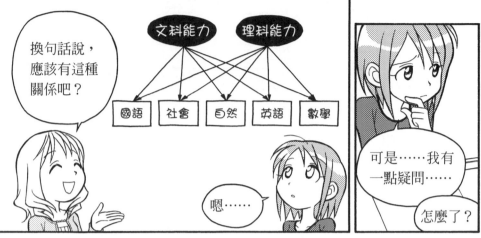

換句話說，應該有這種關係吧？

文科能力　理科能力

國語　社會　自然　英語　數學

嗯……

可是……我有一點疑問……

怎麼了？

「三種想法」也好，「文科能力」也好，「理科能力」也罷。

真的有這些東西嗎？

嗯！這些都是想像的結果喔！

嘻

嘻！

可以用想像來解釋數據嗎？

只要假設這些因素隱藏在數據背後，應該能正確說明數據的特徵吧？

說得也是……

我建議你
換個角度想。

?

「三種想法」、「文科能力」和「理科能力」並不是想像的結果……

而是世上必定存在的「隱藏在數據背後的自變數」。

找出「隱藏在數據背後的自變數」的分析方法，

應變數1　應變數2　…

沙沙

就是……

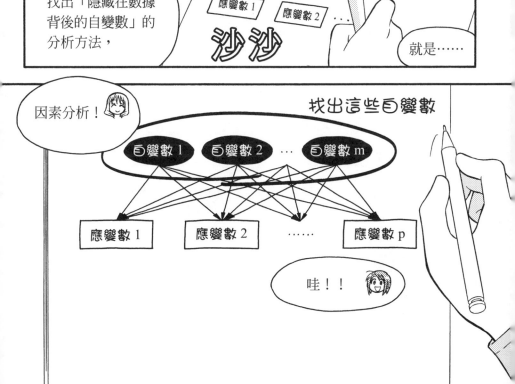

因素分析！

找出這些自變數

自變數1　自變數2　…　自變數m

應變數1　　應變數2　　……　　應變數p

哇！！

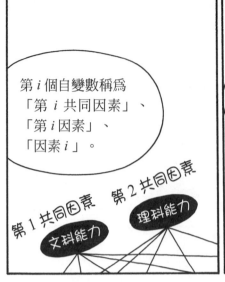

第 i 個自變數稱爲「第 i 共同因素」、「第 i 因素」、「因素 i」。

每個個體的共同因素值稱爲「因素得分」。

明白！

	文科能力	理科能力
Aさん	XX	XX
Bさん	XX	XX
Cさん	XX	XX

你應該已經了解因素分析和主成分分析不一樣了吧！？

嗯！

想法和示意圖完全不同！

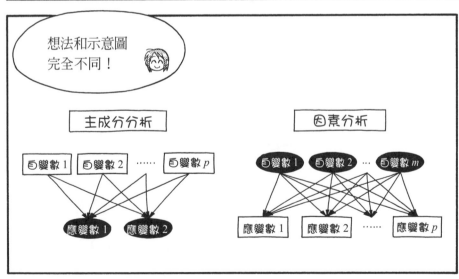

共有十項！

好多喔！

總之分析時要謹慎。

好！

大致了解內容之後，再看看因素分析的注意事項。

好！

因素分析的注意事項 1

第一：

主成分分析的每個主成分有這些意義。

沒錯沒錯！

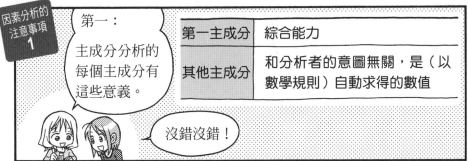

第一主成分	綜合能力
其他主成分	和分析者的意圖無關，是（以數學規則）自動求得的數值

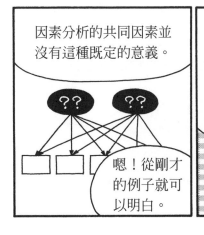

因素分析的共同因素並沒有這種既定的意義。

?? ??

嗯！從剛才的例子就可以明白。

總之先分析，分析者「事後」才「主觀地」解釋每個共同因素的意義。

嗯……

就像「文科能力」和「理科能力」

第一共同因素　第二共同因素

第二：
主成分分析有
「第一主成
分」和「其他
主成分」的順
序……

第1主成分

第2主成分

因素分析不一樣，
每個共通因素都是
平等的。

從剛才的
例子也看
得出來！

第三：
麻煩的是分析者必
須在分析「之前」
設定共同因素的個
數，才能進行因素
分析的計算。

什麼！？

分析之前怎麼可能
知道數據背後有多
少共同因素？

那該怎麼辦!？

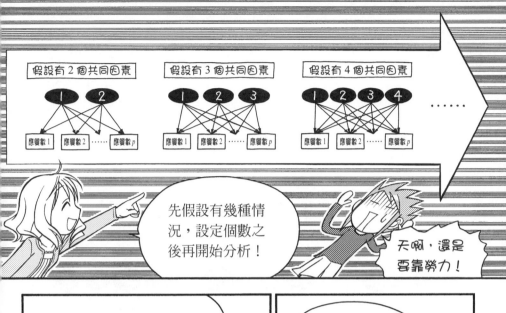

第四：
和剛才的注意
事項有關。

每個結果都不差

分析相同的數
據，不管設定
有 2 個、3 個
或更多個共同
因素，分析結
果看來都有說
服力。

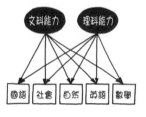

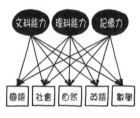

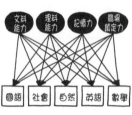

· · · · · ·

最後應該以哪一
種結果爲準？

由分析者
自行判斷。

選這個結果吧

怎麼能用
這種方法！

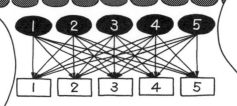

第五：
因素個數會受計算方法影響，不過，即使有許多共同因素隱藏在數據背後，

因素分析找到的共同因素個數最多只能和應變數的個數一樣多。

原來如此——

所以，分析者必須大膽地判斷「共同因素之中只有幾個稱得上共同因素，其他只不過是『其他因素』罷了」。

哇！

第六：

和剛才的注意事項有關。

其他因素

剛才我用這種圖來說明因素分析……

嗯！

文科能力　　理科能力

國語　社會　自然　英語　數學

其他因素

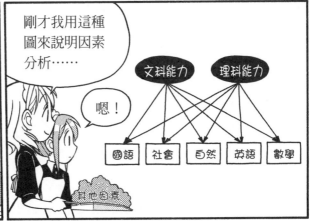

143

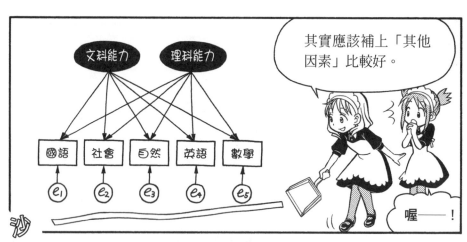

第八：

以算式和簡圖表示
因素分析的結構。

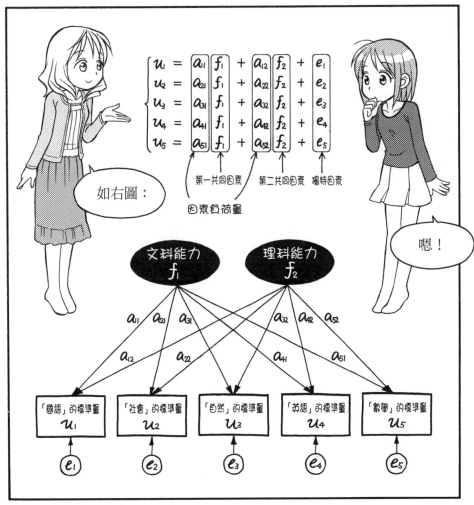

如右圖：

$$\begin{cases} u_1 = a_{11}f_1 + a_{12}f_2 + e_1 \\ u_2 = a_{21}f_1 + a_{22}f_2 + e_2 \\ u_3 = a_{31}f_1 + a_{32}f_2 + e_3 \\ u_4 = a_{41}f_1 + a_{42}f_2 + e_4 \\ u_5 = a_{51}f_1 + a_{52}f_2 + e_5 \end{cases}$$

第一共同因素　　第二共同因素　獨特因素

因素負荷量

嗯！

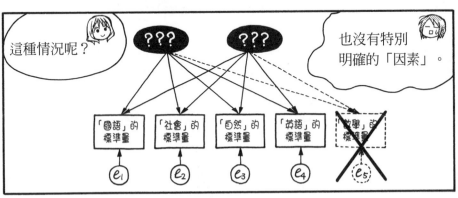

147

換句話說，心裡必須明白，「這些應變數背後應該有這種共同因素」……

| 有知名度 | 盡力培育新進員工 | 給年輕人機會 | 可以學到專業知識和技術 | 歷史悠久 | 支持員工出國留學或在職進修 | 成長潛力大 |

再進行因素分析的計算，才會得到好結果。

就是不知道有什麼共同因素，才想靠因素分析找出共同因素吧？

可是，不先預測結果，又無法得到令人滿意的分析結果……

感覺真奇怪！

因素分析的注意事項 10

最後一項注意事項！

其實因素分析並不是為了找出共同因素的分析方法。

什麼!?

不然是什麼?!

$$\begin{cases} u_1 = a_{11} f_1 + a_{12} f_2 + e_1 \\ u_2 = a_{21} f_1 + a_{22} f_2 + e_2 \\ u_3 = a_{31} f_1 + a_{32} f_2 + e_3 \\ u_4 = a_{41} f_1 + a_{42} f_2 + e_4 \\ u_5 = a_{51} f_1 + a_{52} f_2 + e_5 \end{cases}$$

我在第八項注意事項提到,這是確認「因素負荷量」數值的分析方法。

原來如此……

不過說得也是,分析之前應該大致可以猜出有哪些共同因素。

因素負荷量的絕對值越大,代表「該共同因素對於應變數的影響越大」。

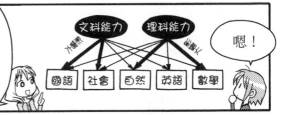

文科能力　理科能力

國語　社會　自然　英語　數學

嗯!

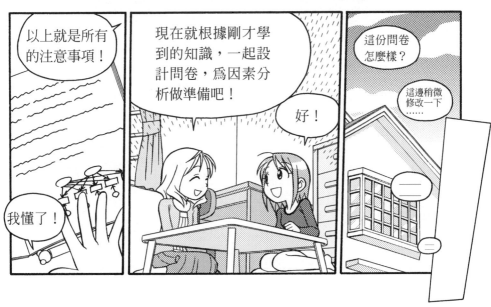

以上就是所有的注意事項!

我懂了!

現在就根據剛才學到的知識,一起設計問卷,為因素分析做準備吧!

好!

這份問卷怎麼樣?

這邊稍微修改一下……

問卷以六道問題詢問顧客「對諾諾咖啡廳的印象」……

■ 請告訴我們您對本店的想法
問題1　請問您對本店的印象如何（每一列分別為單選）

	非常不好	不好	普通	好	非常好
a.外觀的氣氛	1	2	3	4	⑤
b. 店內的氣氛	1	2	3	4	⑤
c. 店員的服務態度	1	2	3	4	⑤
d. 紅茶的味道	1	2	3	④	5
e. 紅茶的價格	1	2	3	④	5
f. 茶具的品味	1	②	3	4	5

我們想辦法釐清下面兩點：
・隱藏在答案背後的「想法」，也就是顧客「喜歡諾諾什麼地方」的共同因素。
・因素負荷量的值。

對！

	外觀的氣氛	店內的氣氛	店員的服務態度	紅茶的味道	紅茶的價格	茶具的品味
A	5	5	5	4	4	2
B	5	4	5	2	2	2
C	4	4	4	4	4	4
D	2	3	4	3	3	3
E	3	3	3	3	4	1
F	5	3	5	3	2	3
G	5	5	5	4	5	5
H	3	1	2	5	4	4
I	4	1	3	3	2	3
J	1	2	2	2	2	2
K	3	2	3	1	1	1
L	4	3	4	4	3	4
M	3	2	3	4	5	5
N	4	3	4	5	4	5
O	2	2	3	5	5	4

數據輸入完畢。

假設這些數據有「2個」共同因素，進行因素分析。

因素分析的
步驟如下：

①求旋轉前的因素負荷量。

②求旋轉後的因素負荷量。

③解釋每個共同因素的意義。

④確定分析結果的準確度。

⑤求因素得分，掌握每個個體的特徵。

	第一共同因素	第二共同因素
A	× ×	× ×
B	× ×	× ×
C	× ×	× ×
⋮	⋮	⋮

咦？步驟②也出現之前提到的「旋轉」？

沒錯！
稍後我再詳細的說明

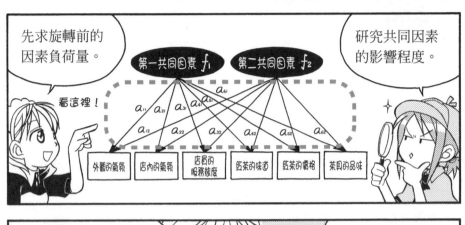

先求旋轉前的因素負荷量。

看這裡！

研究共同因素的影響程度。

第一共同因素 f_1　　第二共同因素 f_2

a_{11}　a_{21}　a_{31}　a_{41}　a_{51}　a_{61}

a_{12}　a_{22}　a_{32}　a_{42}　a_{52}　a_{62}

外觀的氣氛　店內的氣氛　店員的服務態度　紅茶的味道　紅茶的價格　茶具的品味

因素負荷量有很多種計算方法，例如：「主因素法」和「最大概似估計法」（Maximum likelihood estimation; MLE）

主因素法

今天先說明「主因素法」。

好！

請按照步驟1到步驟16進行計算

十……

十六道步驟？

加油吧！

拼了～～～

	Q1a 外觀的 氣氛	...	Q1f 茶具的 品味
A	5	...	2
B	5	...	2
C	4	...	4
D	2	...	3
E	3	...	1
F	5	...	3
G	5	...	5
H	3	...	4
I	4	...	3
J	1	...	2
K	3	...	1
L	4	...	4
M	3	...	5
N	4	...	5
O	2	...	4
平均	3.5	...	3.2
標準差	1.2	...	1.4

$$\sqrt{\frac{(5-3.5)^2 + \cdots + (2-3.5)^2}{15-1}} = 1.2$$

	Q1a 的 標準值 u_1	...	Q1f 的 標準值 u_6
A	1.2	...	−0.9
B	1.2	...	−0.9
C	0.4	...	0.6
D	−1.2	...	−0.1
E	−0.4	...	−1.6
F	1.2	...	−0.1
G	1.2	...	1.3
H	−0.4	...	0.6
I	0.4	...	−0.1
J	−2.0	...	−0.9
K	−0.4	...	−1.6
L	0.4	...	0.6
M	−0.4	...	1.3
N	0.4	...	1.3
O	−1.2	...	0.6
平均	0	...	0
標準差	1	...	1

$$\frac{2-3.5}{1.2} = -1.2$$

$$\sqrt{\frac{(-0.9-0)^2 + \cdots + (0.6-0)^2}{15-1}} = 1$$

因素分析進行標準化計算時，通常將標準差的分母訂為「數據個數減1」。

對標準化之後的數據做下列的假設。

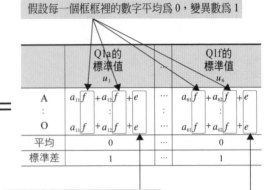

假設每一個框框裡的數字平均為 0，變異數為 1

	Q1a的標準值 u_1	…	Q1f的標準值 u_6			Q1a的標準值 u_1	…	Q1f的標準值 u_6
A	1.2	…	−0.9		A	$a_{11}f + a_{12}f + e$	…	$a_{61}f + a_{62}f + e$
⋮	⋮	⋮	⋮	=	⋮	⋮		⋮
O	−1.2	…	0.6		O	$a_{11}f + a_{12}f + e$	…	$a_{61}f + a_{62}f + e$
平均	0	…	0		平均	0	…	0
標準差	1	…	1		標準差	1	…	1

假設這些數字平均為 0，變異數為 d_1^2

假設這些數字平均為 0，變異數為 d_6^2

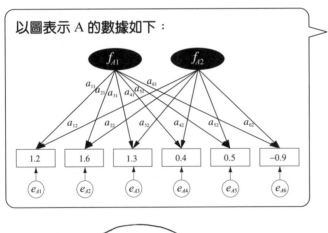

以圖表示 A 的數據如下：

這是上次說明的
注意事項 8 的算
式和簡圖！

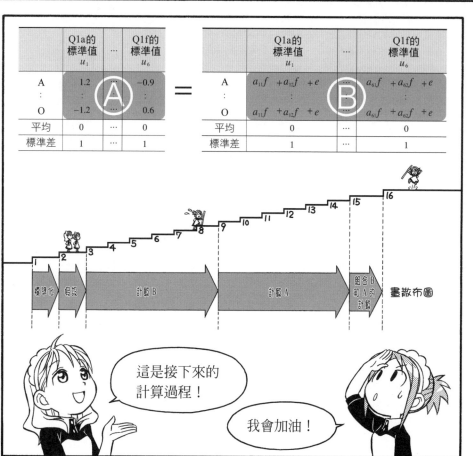

假設：

- f_1 和 e_1 的單相關係數為 0
- f_1 和 e_2 的單相關係數為 0
- f_1 和 e_3 的單相關係數為 0
- f_1 和 e_4 的單相關係數為 0
- f_1 和 e_5 的單相關係數為 0
- f_1 和 e_6 的單相關係數為 0
- f_2 和 e_1 的單相關係數為 0
- f_2 和 e_2 的單相關係數為 0
- f_2 和 e_3 的單相關係數為 0
- f_2 和 e_4 的單相關係數為 0
- f_2 和 e_5 的單相關係數為 0
- f_2 和 e_6 的單相關係數為 0

- e_1 和 e_2 的單相關係數為 0
- e_1 和 e_3 的單相關係數為 0
- e_1 和 e_4 的單相關係數為 0
- e_1 和 e_5 的單相關係數為 0
- e_1 和 e_6 的單相關係數為 0
- e_2 和 e_3 的單相關係數為 0
- e_2 和 e_4 的單相關係數為 0
- e_2 和 e_5 的單相關係數為 0
- e_2 和 e_6 的單相關係數為 0
- e_3 和 e_4 的單相關係數為 0
- e_3 和 e_5 的單相關係數為 0
- e_3 和 e_6 的單相關係數為 0
- e_4 和 e_5 的單相關係數為 0
- e_4 和 e_6 的單相關係數為 0
- e_5 和 e_6 的單相關係數為 0

也就是假設「共同因素和獨特因素之間」、「獨特因素和獨特因素之間」不相關。

舉例來說，假設 f_2 和 e_6 的單相關係數為 0，也就是：

$$\frac{f_2 \text{ 和 } e_6 \text{ 的離差積項和}}{\sqrt{f_2 \text{ 的離差平方和} \times e_6 \text{ 的離差平方和}}} = 0$$

換句話說，

f_2 和 e_6 的離差積項和
$= (f \quad - \overline{f_2})(e_{A6} - \overline{e_6}) + \cdots + (f_{O2} - \overline{f_2})(e_{O6} - \overline{e_6})$
$= (f \quad - 0)(e_{A6} - 0) + \cdots + (f_{O2} - 0)(e_{O6} - 0)$ ← 請見步驟2
$= f_{A2}\, e_{A6} + \cdots + f_{O2}\, e_{O6}$
$= 0$

步驟 4 假設 f_1 和 f_2 的單相關係數爲0，也就是：

$$\frac{f_2 \text{ 和 } e_6 \text{ 的離差積項和}}{\sqrt{f_1 \text{ 的離差平方和} \times f_2 \text{ 的離差平方和}}} = 0$$

換句話說，

f_1 和 f_2 的離差積項和
$= (f_{11} - \overline{f_1})(f_{12} - \overline{f_2}) + \cdots + (f_{o1} - \overline{f_1})(f_{o2} - \overline{f_2})$
$= (f_{11} - 0)(f_{12} - 0) + \cdots + (f_{o1} - 0)(f_{o2} - 0)$ ← 請見步驟2
$= f_{11}f_{12} + \cdots + f_{o1}f_{o2}$
$= 0$

> 假設共同因素之間也不相關。

假設「任意共同因素之間的單相關係數為0」這種想法稱為「直交因素模型」（orthogonal）。不採取這種假設的想法稱為「斜交因素模型」（oblique）。

以往基於「比較容易計算」，通常採取直交因素模型。不過，現在因為：

・電腦性能提升
・就常理判斷，「任意共同因素之間的單相關係數為0」這種直交因素模型的假設並無法實現

分析時慢慢改用斜交因素模型。
這個例子所運用的便是直交因素模型。

步驟 5 確定Q1b的標準值 u_2 和Q1f的標準值 u_6 的單相關係數可以改寫成下列算式：

$$\frac{u_2 \text{ 和 } u_6 \text{ 的離差積項和}}{\sqrt{u_2 \text{ 的離差平方和} \times u_6 \text{ 的離差平方和}}}$$

$$= \frac{\dfrac{u_2 \text{ 和 } u_6 \text{ 的離差積項和}}{15-1}}{\sqrt{\dfrac{u_2 \text{ 的離差平方和} \times u_6 \text{ 的離差平方和}}{15-1}}}$$ ← 分子和分母同時除以「數據個數減1」

$$= \frac{\dfrac{u_2 \text{ 和 } u_6 \text{ 的離差積項和}}{15-1}}{\sqrt{\dfrac{u_2 \text{ 的離差平方和}}{15-1}} \times \sqrt{\dfrac{u_6 \text{ 的離差平方和}}{15-1}}}$$ ← 把分母分成 u_2 的標準差和 u_6 的標準差

$$= \frac{\dfrac{u_2 \text{ 和 } u_6 \text{ 的離差積項和}}{15-1}}{1 \times 1}$$ ← 請見步驟1

$$= \frac{u_2 \text{ 和 } u_6 \text{ 的離差積項和}}{15-1}$$

$$= \frac{(a_{21}f_{A1} + a_{22}f_{A2} + e_{A1})(a_{61}f_{A1} + a_{62}f_{A2} + e_{A6}) + \cdots + (a_{21}f_{O1} + a_{22}f_{O2} + e_{O2})(a_{61}f_{O1} + a_{62}f_{O2} + e_{O6})}{15-1}$$

整理分子

$$(a_{21}f_{A1} + a_{22}f_{A2} + e_{A2})(a_{61}f_{A1} + a_{62}f_{A2} + e_{A6}) + \cdots + (a_{21}f_{O1} + a_{22}f_{O2} + e_{O2})(a_{61}f_{O1} + a_{62}f_{O2} + e_{O6})$$

$$= \boxed{a_{21}f_{A1}\, a_{61}f_{A1}} + \boxed{a_{21}f_{A1}\, a_{62}f_{A2}} + \boxed{a_{21}f_{A1}\, e_{A6}} + \boxed{a_{22}f_{A2}\, a_{61}f_{A1}} + \boxed{a_{22}f_{A2}\, a_{62}f_{A2}} + \boxed{a_{22}f_{A2}\, e_{A6}} + \boxed{e_{A2}\, a_{61}f_{A1}} + \boxed{e_{A2}\, a_{62}f_{A1}} + \boxed{e_{A2}\, e_{A6}}$$

$$+ \boxed{a_{21}f_{O1}\, a_{61}f_{O1}} + \boxed{a_{21}f_{O1}\, a_{62}f_{O2}} + \boxed{a_{21}f_{O1}\, e_{O6}} + \boxed{a_{22}f_{O2}\, a_{61}f_{O1}} + \boxed{a_{22}f_{O2}\, a_{62}f_{O2}} + \boxed{a_{22}f_{O2}\, e_{O6}} + \boxed{e_{O2}\, a_{61}f_{O1}} + \boxed{e_{O2}\, a_{62}f_{O2}} + \boxed{e_{O2}\, e_{O6}}$$

$$\begin{aligned} = \ & a_{21}a_{61}(f_{A1}^2 + \cdots + f_{O1}^2) && + a_{21}a_{62}(f_{A1}f_{A2} + \cdots + f_{O1}f_{O2}) && + a_{21}(f_{A1}\, e_{A6} + \cdots + f_{O1}\, e_{O6}) \\ & + a_{22}a_{61}(f_{A2}f_{A1} + \cdots + f_{O2}f_{O1}) && + a_{22}a_{62}(f_{A2}^2 + \cdots + f_{O2}^2) && + a_{22}(f_{A}\, e_{A6} + \cdots + f_{O2}\, e_{O6}) \\ & + a_{61}(f_{A1}\, e_{A2} + \cdots + f_{O1}\, e_{O2}) && + a_{62}(f_{A2}\, e_{A2} + \cdots + f_{O2}\, e_{O2}) && + (e_{A2}\, e_{A6} + \cdots + e_{O2}\, e_{O6}) \end{aligned}$$

$$= a_{21}a_{61} \,(f_1 \text{ 的離差平方和}) \quad + a_{21}a_{61} \,(f_1 \text{ 和 } f_2 \text{ 的離差積項和}) + a_{21} \,(f_1 \text{ 和 } e_6 \text{ 的離差積項和})$$
$$+ a_{22}a_{61} \,(f_1 \text{ 和 } f_2 \text{ 的離差積項和}) + a_{22}a_{62} \,(f_2 \text{ 的離差平方和}) \quad + a_{22} \,(f_2 \text{ 和 } e_6 \text{ 的離差積項和})$$
$$+ a_{61} \,(f_1 \text{ 和 } e_2 \text{ 的離差積項和}) + a_{62} \,(f_2 \text{ 和 } e_2 \text{ 的離差積項和}) \quad + (e_2 \text{ 和 } e_6 \text{ 的離差積項和})$$

$$= a_{21}a_{61} \,(f_1 \text{ 的離差平方和}) + 0 \qquad\qquad + 0$$
$$+ 0 \qquad\qquad + a_{22}a_{62} \,(f_2 \text{ 的離差平方和}) + 0$$
$$+ 0 \qquad\qquad + 0 \qquad\qquad + 0$$

請見步驟3和步驟4

$$= \frac{a_{21}a_{61}(f_1 \text{ 的離差平方和}) + a_{22}a_{62}(f_2 \text{ 的離差平方和})}{15 - 1}$$

$$= a_{21}a_{61} \times \frac{f_1 \text{ 的離差平方和}}{15 - 1} + a_{22}a_{62} \times \frac{f_2 \text{ 的離差平方和}}{15 - 1}$$

$$= a_{21}a_{61} \times (f_1 \text{ 的變異數}) + a_{21}a_{61} \times (f_2 \text{ 的變異數})$$

$$= a_{21}a_{61} + a_{22}a_{62}$$ 請見步驟2

只要確認應變數之間的關係就行了。

	外觀的氣氛(標準值)	店內的氣氛(標準值)	店員的服務態度(標準值)	冱茶的味道(標準值)	冱茶的價格(標準值)	茶具的品味(標準值)
外觀的氣氛(標準值)						
店內的氣氛(標準值)						
店員的服務態度(標準值)						
冱茶的味道(標準值)						
冱茶的價格(標準值)						
茶具的品味(標準值)						

步驟6 請確定 u_2 和 u_2 的單相關係數可以改寫成下列算式：

$$\frac{u_2 和 \ u_2 的離差積項和}{\sqrt{u_2 的離差平方和 \times u_2 的離差平方和}}$$

$$=\frac{\dfrac{u_2 和 \ u_2 的離差積項和}{15-1}}{\dfrac{\sqrt{u_2 的離差平方和 \times u_2 的離差平方和}}{15-1}} \quad \blacktriangleleft \boxed{分子和分母同時除以「數據個數減1」}$$

$$=\frac{\dfrac{u_2 和 \ u_2 的離差積項和}{15-1}}{u_2 的變異數}$$

$$=\frac{\dfrac{u_2 和 \ u_2 的離差積項和}{15-1}}{1} \quad \blacktriangleleft \boxed{記得變異數＝（標準差）^2，看清楚步驟1}$$

$$=\frac{u_2 和 \ u_2 的離差積項和}{15-1}$$

$=u_2 的變異數$

$$=\frac{(a_{21}f_{A1}+a_{22}f_{A2}+e_{A2})^2+\cdots+(a_{21}f_{O1}+a_{22}f_{O2}+e_{O2})^2}{15-1}$$

$\boxed{整理分子}$

$(a_{21}f_{A1}+a_{22}f_{A2}+e_{A2})^2+\cdots+(a_{21}f_{O1}+a_{22}f_{O2}+e_{O2})^2$

$$=\boxed{(a_{21}f_{A1})^2}+\boxed{(a_{22}f_{A2})^2}+\boxed{(e_{A2})^2}+\boxed{2(a_{21}f_{A1})(a_{22}f_{A2})}+\boxed{2(a_{22}f_{A2})(e_{A2})}+\boxed{2(e_{A2})(a_{21}f_{A1})}$$

$$+\boxed{(a_{21}f_{O1})^2}+\boxed{(a_{22}f_{O2})^2}+\boxed{(e_{O2})^2}+\boxed{2(a_{21}f_{O1})(a_{22}f_{O2})}+\boxed{2(a_{22}f_{O2})(e_{O2})}+\boxed{2(e_{O2})(a_{21}f_{O1})}$$

$$= \quad a_{21}^2(f_{A1}^2+\cdots+f_{O1}^2) \qquad + a_{22}^2(f_{A2}^2+\cdots+f_{O2}^2) \qquad + (e_{A2}^2+\cdots+e_{O2}^2)$$

$$+ 2a_{21}a_{22}(f_{A1}f_{A2}+\cdots+f_{O1}f_{O2}) + 2a_{22}(f_{A2}e_{A2}+\cdots+f_{O1}e_{O2}) + 2a_{21}(f_{A1}e_{A2}+\cdots+f_{O1}e_{O2})$$

$$= \quad a_{21}^2(f_1 的離差平方和)+a_{22}^2(f_2 的離差平方和)+(e_2 的離差平方和)$$

$$+ 2a_{21}a_{22}\,(f_1 和 f_2 的離差積項和)+2a_{22}\,(f_2 和 e_2 的離差積項和)+2a_{21}\,(f_1 和 e_2 的離差積項和)$$

請見步驟3和步驟4

$$= \begin{array}{|c|} \hline a_{21}^2(f_1\text{的離差平方和}) + a_{22}^2(f_2\text{的離差平方和}) + (e_2\text{的離差平方和}) \\ +0 \qquad\qquad\qquad +0 \qquad\qquad\qquad +0 \\ \hline \end{array}$$

$$= \frac{a_{21}^2(f_1\text{的離差平方和}) + a_{22}^2(f_2\text{的離差平方和}) + (e_2\text{的離差平方和})}{15-1}$$

$$= a_{21}^2 \times \frac{f_1\text{的離差平方和}}{15-1} + a_{22}^2 \times \frac{f_2\text{的離差平方和}}{15-1} + \frac{e_2\text{的離差平方和}}{15-1}$$

$$= a_{21}^2 \times (f_1\text{的變異數}) + a_{22}^2 \times (f_2\text{的變異數}) + (e_2\text{的變異數})$$

$$= a_{21}^2 + a_{22}^2 + d_2^2$$

請見步驟2

每個應變數和自己的關係……

	外觀的氣氛(標準值)	店內的氣氛(標準值)	店員的服務態度(標準值)	紅茶的味道(標準值)	紅茶的價格(標準值)	茶具的品味(標準值)
外觀的氣氛(標準值)	░					
店內的氣氛(標準值)		▓				
店員的服務態度(標準值)			░			
紅茶的味道(標準值)				░		
紅茶的價格(標準值)					░	
茶具的品味(標準值)						░

步驟 7 從步驟5和步驟6可以推算出以下的相關矩陣：

$$
\begin{pmatrix}
r_{11} & r_{12} & \cdots & r_{16} \\
r_{21} & r_{22} & \cdots & r_{26} \\
\vdots & \vdots & \ddots & \vdots \\
r_{61} & r_{62} & \cdots & r_{66}
\end{pmatrix}
=
\begin{pmatrix}
a_{11}^2 + a_{12}^2 + d_1^2 & a_{11}a_{21} + a_{12}a_{22} & \cdots & a_{11}a_{61} + a_{12}a_{62} \\
a_{21}a_{11} + a_{22}a_{12} & a_{21}^2 + a_{22}^2 + d_2^2 & \cdots & a_{21}a_{61} + a_{22}a_{62} \\
\vdots & \vdots & \ddots & \vdots \\
a_{61}a_{11} + a_{62}a_{12} & a_{61}a_{21} + a_{62}a_{22} & \cdots & a_{61}^2 + a_{62}^2 + d_6^2
\end{pmatrix}
$$

$$
=
\begin{pmatrix}
a_{11}^2 + a_{12}^2 & a_{11}a_{21} + a_{12}a_{22} & \cdots & a_{11}a_{61} + a_{12}a_{62} \\
a_{21}a_{11} + a_{22}a_{12} & a_{21}^2 + a_{22}^2 & \cdots & a_{21}a_{61} + a_{22}a_{62} \\
\vdots & \vdots & \ddots & \vdots \\
a_{61}a_{11} + a_{62}a_{12} & a_{61}a_{21} + a_{62}a_{22} & \cdots & a_{61}^2 + a_{62}^2
\end{pmatrix}
+
\begin{pmatrix}
d_1^2 & 0 & \cdots & 0 \\
0 & d_2^2 & \cdots & 0 \\
\vdots & \vdots & \ddots & \vdots \\
0 & 0 & \cdots & d_6^2
\end{pmatrix}
$$

步驟 8 整理步驟7。此外，在計算過程當中，從左上往右下對角線上的 $1 - d_i^2$ 稱為「共同性」，有時候寫成「h_i^2」。

$$
\begin{pmatrix}
r_{11} & r_{12} & \cdots & r_{16} \\
r_{21} & r_{22} & \cdots & r_{26} \\
\vdots & \vdots & \ddots & \vdots \\
r_{61} & r_{62} & \cdots & r_{66}
\end{pmatrix}
-
\begin{pmatrix}
d_1^2 & 0 & \cdots & 0 \\
0 & d_2^2 & \cdots & 0 \\
\vdots & \vdots & \ddots & \vdots \\
0 & 0 & \cdots & d_6^2
\end{pmatrix}
=
\begin{pmatrix}
a_{11}^2 + a_{12}^2 & a_{11}a_{21} + a_{12}a_{22} & \cdots & a_{11}a_{61} + a_{12}a_{62} \\
a_{21}a_{11} + a_{22}a_{12} & a_{21}^2 + a_{22}^2 & \cdots & a_{21}a_{61} + a_{22}a_{62} \\
\vdots & \vdots & \ddots & \vdots \\
a_{61}a_{11} + a_{62}a_{12} & a_{61}a_{21} + a_{62}a_{22} & \cdots & a_{61}^2 + a_{62}^2
\end{pmatrix}
$$

把步驟7的式子移項

$$
\begin{pmatrix}
1 & r_{12} & \cdots & r_{16} \\
r_{21} & 1 & \cdots & r_{26} \\
\vdots & \vdots & \ddots & \vdots \\
r_{61} & r_{62} & \cdots & 1
\end{pmatrix}
-
\begin{pmatrix}
d_1^2 & 0 & \cdots & 0 \\
0 & d_2^2 & \cdots & 0 \\
\vdots & \vdots & \ddots & \vdots \\
0 & 0 & \cdots & d_6^2
\end{pmatrix}
=
\begin{pmatrix}
a_{11}^2 + a_{12}^2 & a_{11}a_{21} + a_{12}a_{22} & \cdots & a_{11}a_{61} + a_{12}a_{62} \\
a_{21}a_{11} + a_{22}a_{12} & a_{21}^2 + a_{22}^2 & \cdots & a_{21}a_{61} + a_{22}a_{62} \\
\vdots & \vdots & \ddots & \vdots \\
a_{61}a_{11} + a_{62}a_{12} & a_{61}a_{21} + a_{62}a_{22} & \cdots & a_{61}^2 + a_{62}^2
\end{pmatrix}
$$

把 r_{ii} 改寫成1

$$
\begin{pmatrix}
1 - d_1^2 & r_{12} & \cdots & r_{16} \\
r_{21} & 1 - d_2^2 & \cdots & r_{26} \\
\vdots & \vdots & \ddots & \vdots \\
r_{61} & r_{62} & \cdots & 1 - d_6^2
\end{pmatrix}
=
\begin{pmatrix}
a_{11}^2 + a_{12}^2 & a_{11}a_{21} + a_{12}a_{22} & \cdots & a_{11}a_{61} + a_{12}a_{62} \\
a_{21}a_{11} + a_{22}a_{12} & a_{21}^2 + a_{22}^2 & \cdots & a_{21}a_{61} + a_{22}a_{62} \\
\vdots & \vdots & \ddots & \vdots \\
a_{61}a_{11} + a_{62}a_{12} & a_{61}a_{21} + a_{62}a_{22} & \cdots & a_{61}^2 + a_{62}^2
\end{pmatrix}
$$

整理右邊
$$
\begin{pmatrix}
a_{11}^2 + a_{12}^2 & a_{11}a_{21} + a_{12}a_{22} & \cdots & a_{11}a_{61} + a_{12}a_{62} \\
a_{21}a_{11} + a_{22}a_{12} & a_{21}^2 + a_{22}^2 & \cdots & a_{21}a_{61} + a_{22}a_{62} \\
\vdots & \vdots & \ddots & \vdots \\
a_{61}a_{11} + a_{62}a_{12} & a_{61}a_{21} + a_{62}a_{22} & \cdots & a_{61}^2 + a_{62}^2
\end{pmatrix}
$$

$$
=
\begin{pmatrix}
a_{11}a_{11} + a_{12}a_{12} & a_{11}a_{21} + a_{12}a_{22} & \cdots & a_{11}a_{61} + a_{12}a_{62} \\
a_{21}a_{11} + a_{22}a_{12} & a_{21}a_{21} + a_{22}a_{22} & \cdots & a_{21}a_{61} + a_{22}a_{62} \\
\vdots & \vdots & \ddots & \vdots \\
a_{61}a_{11} + a_{62}a_{12} & a_{61}a_{21} + a_{62}a_{22} & \cdots & a_{61}a_{61} + a_{62}a_{62}
\end{pmatrix}
$$

$$
=
\begin{pmatrix}
a_{11} & a_{12} \\
a_{21} & a_{22} \\
\vdots & \vdots \\
a_{61} & a_{62}
\end{pmatrix}
\begin{pmatrix}
a_{11} & a_{21} & \cdots & a_{61} \\
a_{12} & a_{22} & \cdots & a_{62}
\end{pmatrix}
$$

$$
\begin{pmatrix}
1 - d_1^2 & r_{12} & \cdots & r_{16} \\
r_{21} & 1 - d_2^2 & \cdots & r_{26} \\
\vdots & \vdots & \ddots & \vdots \\
r_{61} & r_{62} & \cdots & 1 - d_6^2
\end{pmatrix}
=
\begin{pmatrix}
a_{11} & a_{12} \\
a_{21} & a_{22} \\
\vdots & \vdots \\
a_{61} & a_{62}
\end{pmatrix}
\begin{pmatrix}
a_{11} & a_{21} & \cdots & a_{61} \\
a_{12} & a_{22} & \cdots & a_{62}
\end{pmatrix}
$$

辛苦了！

呼！

8

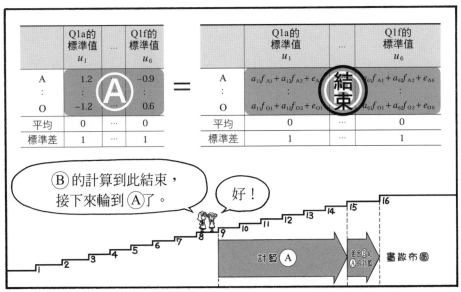

	Q1a的 標準值 u_1	...	Q1f的 標準值 u_6			Q1a的 標準值 u_1	...	Q1f的 標準值 u_6
A	1.2	Ⓐ	-0.9	=	A	$a_{11}f_{A1} + a_{12}f_{A2} + e_A$	結束	$a_{61}f_{A1} + a_{62}f_{A2} + e_{A6}$
⋮	⋮		⋮		⋮	⋮		⋮
O	-1.2	...	0.6		O	$a_{11}f_{O1} + a_{12}f_{O2} + e_{O1}$		$a_{61}f_{O1} + a_{62}f_{O2} + e_{O6}$
平均	0	...	0		平均	0	...	0
標準差	1	...	1		標準差	1	...	1

Ⓑ 的計算到此結束，
接下來輪到 Ⓐ 了。

好！

計算 Ⓐ   配合Ⓑ與Ⓐ的計算   畫散布圖

1 2 3 4 5 6 7 8 9 10 11 12 13 14 15 16

從分析數據求實際的相關矩陣，再減 $\begin{pmatrix} d_1^2 & 0 & \cdots & 0 \\ 0 & d_2^2 & \cdots & 0 \\ \vdots & \vdots & \ddots & \vdots \\ 0 & 0 & \cdots & d_6^2 \end{pmatrix}$ 。

$$\begin{pmatrix} 1 & 0.65 & 0.80 & 0.11 & 0.01 & 0.14 \\ 0.65 & 1 & 0.89 & 0.02 & 0.19 & 0.01 \\ 0.80 & 0.89 & 1 & 0.02 & 0.04 & 0.10 \\ 0.11 & 0.02 & 0.02 & 1 & 0.82 & 0.77 \\ 0.01 & 0.19 & 0.04 & 0.82 & 1 & 0.64 \\ 0.14 & 0.01 & 0.10 & 0.77 & 0.64 & 1 \end{pmatrix} - \begin{pmatrix} d_1^2 & 0 & 0 & 0 & 0 & 0 \\ 0 & d_2^2 & 0 & 0 & 0 & 0 \\ 0 & 0 & d_3^2 & 0 & 0 & 0 \\ 0 & 0 & 0 & d_4^2 & 0 & 0 \\ 0 & 0. & 0 & 0 & d_5^2 & 0 \\ 0 & 0 & 0 & 0 & 0 & d_6^2 \end{pmatrix}$$

$$= \begin{pmatrix} 1 - d_1^2 & 0.65 & 0.80 & 0.11 & 0.01 & 0.14 \\ 0.65 & 1 - d_2^2 & 0.89 & 0.02 & 0.19 & 0.01 \\ 0.80 & 0.89 & 1 - d_3^2 & 0.02 & 0.04 & 0.10 \\ 0.11 & 0.02 & 0.02 & 1 - d_4^2 & 0.82 & 0.77 \\ 0.01 & 0.19 & 0.04 & 0.82 & 1 - d_5^2 & 0.64 \\ 0.14 & 0.01 & 0.10 & 0.77 & 0.64 & 1 - d_6^2 \end{pmatrix}$$

這個步驟
很簡單！

步驟9從左上往右下對角線上的值，也就是將共同性$1 - d_i^2$設定爲：

$$\begin{cases} 1 - d_1^2 = \text{應變數爲 } u_1，\text{自變數爲 } u_2 \text{、} u_3 \text{、} u_4 \text{、} u_5 \text{、} u_6 \text{ 的重迴歸算式的貢獻率 } R_1^2 \\ 1 - d_2^2 = \text{應變數爲 } u_2，\text{自變數爲 } u_1 \text{、} u_3 \text{、} u_4 \text{、} u_5 \text{、} u_6 \text{ 的重迴歸算式的貢獻率 } R_2^2 \\ 1 - d_3^2 = \text{應變數爲 } u_3，\text{自變數爲 } u_1 \text{、} u_2 \text{、} u_4 \text{、} u_5 \text{、} u_6 \text{ 的重迴歸算式的貢獻率 } R_3^2 \\ 1 - d_4^2 = \text{應變數爲 } u_4，\text{自變數爲 } u_1 \text{、} u_2 \text{、} u_3 \text{、} u_5 \text{、} u_6 \text{ 的重迴歸算式的貢獻率 } R_4^2 \\ 1 - d_5^2 = \text{應變數爲 } u_5，\text{自變數爲 } u_1 \text{、} u_2 \text{、} u_3 \text{、} u_4 \text{、} u_6 \text{ 的重迴歸算式的貢獻率 } R_5^2 \\ 1 - d_6^2 = \text{應變數爲 } u_6，\text{自變數爲 } u_1 \text{、} u_2 \text{、} u_3 \text{、} u_4 \text{、} u_5 \text{ 的重迴歸算式的貢獻率 } R_6^2 \end{cases}$$

$$\begin{pmatrix} 1-d_1^2 & 0.65 & 0.80 & 0.11 & 0.01 & 0.14 \\ 0.65 & 1-d_2^2 & 0.89 & 0.02 & 0.19 & 0.01 \\ 0.80 & 0.89 & 1-d_3^2 & 0.02 & 0.04 & 0.10 \\ 0.11 & 0.02 & 0.02 & 1-d_4^2 & 0.82 & 0.77 \\ 0.01 & 0.19 & 0.04 & 0.82 & 1-d_5^2 & 0.64 \\ 0.14 & 0.01 & 0.10 & 0.77 & 0.64 & 1-d_6^2 \end{pmatrix} = \begin{pmatrix} 0.68 & 0.65 & 0.80 & 0.11 & 0.01 & 0.14 \\ 0.65 & 0.88 & 0.89 & 0.02 & 0.19 & 0.01 \\ 0.80 & 0.89 & 0.91 & 0.02 & 0.04 & 0.10 \\ 0.11 & 0.02 & 0.02 & 0.81 & 0.82 & 0.77 \\ 0.01 & 0.19 & 0.04 & 0.82 & 0.81 & 0.64 \\ 0.14 & 0.01 & 0.10 & 0.77 & 0.64 & 0.66 \end{pmatrix}$$

數學家已經確定，若不把共同性$1 - d_i^2$設定為某個值，就無法進行下面的計算。
至於該把共同性$1 - d_i^2$設定成什麼值，目前還有許多看法，最有名的方法就是這裡引用的做法。

什麼是重迴歸算式的貢獻率？

應變數　自變數
$$y = \alpha_1 x_1 + \alpha_2 x_2 + \cdots + \alpha_p x_p + \beta$$
這是重迴歸算式，衡量準確度的指標是貢獻率。我以前寫的筆記有詳細說明。

※請參照《世界第一簡單統計學【迴歸分析篇】》（世茂）第三章。

求滿足 $\begin{pmatrix} 0.68 & 0.65 & 0.80 & 0.11 & 0.01 & 0.14 \\ 0.65 & 0.88 & 0.89 & 0.02 & 0.19 & 0.01 \\ 0.80 & 0.89 & 0.91 & 0.02 & 0.04 & 0.10 \\ 0.11 & 0.02 & 0.02 & 0.81 & 0.82 & 0.77 \\ 0.01 & 0.19 & 0.04 & 0.82 & 0.81 & 0.64 \\ 0.14 & 0.01 & 0.10 & 0.77 & 0.64 & 0.66 \end{pmatrix} \begin{pmatrix} t_1 \\ t_2 \\ t_3 \\ t_4 \\ t_5 \\ t_6 \end{pmatrix} = \lambda \begin{pmatrix} t_1 \\ t_2 \\ t_3 \\ t_4 \\ t_5 \\ t_6 \end{pmatrix}$ 的固有值 λ 和固有向量 $\begin{pmatrix} t_1 \\ t_2 \\ t_3 \\ t_4 \\ t_5 \\ t_6 \end{pmatrix}$。

固有向量會使 $t_1^2 + t_2^2 + t_3^2 + t_4^2 + t_5^2 + t_6^2 = 1$ 成立。

利用數據分析軟體，求得下列結果：

固有值 λ	固有向量 $\begin{pmatrix} t_1 \\ t_2 \\ t_3 \\ t_4 \\ t_5 \\ t_6 \end{pmatrix}$
2.55	$\begin{pmatrix} 0.43 \\ 0.48 \\ 0.50 \\ 0.34 \\ 0.34 \\ 0.32 \end{pmatrix}$
2.11	$\begin{pmatrix} -0.28 \\ -0.34 \\ -0.38 \\ 0.51 \\ 0.47 \\ 0.43 \end{pmatrix}$

這個範例可以求得六組固有值和固有向量，不過，除了最大到第三大的固有值之外，剩下的固有值並不會再出現，所以不特別說明。

步驟 12　除了最大到第三大的固有值之外，把剩下的固有值當成0，
則下列的關係成立。

$$\begin{pmatrix} 0.68 & 0.65 & 0.80 & 0.11 & 0.01 & 0.14 \\ 0.65 & 0.88 & 0.89 & 0.02 & 0.19 & 0.01 \\ 0.80 & 0.89 & 0.91 & 0.02 & 0.04 & 0.10 \\ 0.11 & 0.02 & 0.02 & 0.81 & 0.82 & 0.77 \\ 0.01 & 0.19 & 0.04 & 0.82 & 0.81 & 0.64 \\ 0.14 & 0.01 & 0.10 & 0.77 & 0.64 & 0.66 \end{pmatrix}$$

$$\doteqdot \begin{pmatrix} \sqrt{2.55} \times 0.43 & \sqrt{2.11} \times (-0.28) \\ \sqrt{2.55} \times 0.48 & \sqrt{2.11} \times (-0.34) \\ \sqrt{2.55} \times 0.50 & \sqrt{2.11} \times (-0.38) \\ \sqrt{2.55} \times 0.34 & \sqrt{2.11} \times 0.51 \\ \sqrt{2.55} \times 0.34 & \sqrt{2.11} \times 0.47 \\ \sqrt{2.55} \times 0.32 & \sqrt{2.11} \times 0.43 \end{pmatrix} \begin{pmatrix} \sqrt{2.55} \times 0.43 & \sqrt{2.55} \times 0.48 & \sqrt{2.55} \times 0.50 & \sqrt{2.55} \times 0.34 & \sqrt{2.55} \times 0.34 & \sqrt{2.55} \times 0.32 \\ \sqrt{2.11} \times (-0.28) & \sqrt{2.11} \times (-0.34) & \sqrt{2.11} \times (-0.38) & \sqrt{2.11} \times 0.51 & \sqrt{2.11} \times 0.47 & \sqrt{2.11} \times 0.43 \end{pmatrix}$$

請參照第76頁到第78頁

有4項乘式
不見了！

上次已經
學過了！

$$= \begin{pmatrix} 0.64 & 0.72 & 0.77 & 0.07 & 0.10 & 0.10 \\ 0.72 & 0.83 & 0.88 & 0.05 & 0.08 & 0.08 \\ 0.77 & 0.88 & 0.94 & 0.03 & 0.06 & 0.06 \\ 0.07 & 0.05 & 0.03 & 0.85 & 0.81 & 0.74 \\ 0.10 & 0.08 & 0.06 & 0.81 & 0.77 & 0.70 \\ 0.10 & 0.08 & 0.06 & 0.74 & 0.70 & 0.64 \end{pmatrix}$$

步驟 13　把步驟11的矩陣中從左上往右下對角線的值，改為步驟12的
矩陣中左上往右下對角線的值：

$$\begin{pmatrix} 0.64 & 0.65 & 0.80 & 0.11 & 0.01 & 0.14 \\ 0.65 & 0.83 & 0.89 & 0.02 & 0.19 & 0.01 \\ 0.80 & 0.89 & 0.94 & 0.02 & 0.04 & 0.10 \\ 0.11 & 0.02 & 0.02 & 0.85 & 0.82 & 0.77 \\ 0.01 & 0.19 & 0.04 & 0.82 & 0.77 & 0.64 \\ 0.14 & 0.01 & 0.10 & 0.77 & 0.64 & 0.64 \end{pmatrix}$$

改好了！

0.68　0.88　0.91　0.81　0.81　0.66

求滿足 $\begin{pmatrix} 0.64 & 0.65 & 0.80 & 0.11 & 0.01 & 0.14 \\ 0.65 & 0.83 & 0.89 & 0.02 & 0.19 & 0.01 \\ 0.80 & 0.89 & 0.94 & 0.02 & 0.04 & 0.10 \\ 0.11 & 0.02 & 0.02 & 0.85 & 0.82 & 0.77 \\ 0.01 & 0.19 & 0.04 & 0.82 & 0.77 & 0.64 \\ 0.14 & 0.01 & 0.10 & 0.77 & 0.64 & 0.64 \end{pmatrix} \begin{pmatrix} t_1 \\ t_2 \\ t_3 \\ t_4 \\ t_5 \\ t_6 \end{pmatrix} = \lambda \begin{pmatrix} t_1 \\ t_2 \\ t_3 \\ t_4 \\ t_5 \\ t_6 \end{pmatrix}$ 的固有值 λ 和固有向量 $\begin{pmatrix} t_1 \\ t_2 \\ t_3 \\ t_4 \\ t_5 \\ t_6 \end{pmatrix}$。

固有向量會使 $t_1^2 + t_2^2 + t_3^2 + t_4^2 + t_5^2 + t_6^2 = 1$ 成立。

利用數據分析軟體，求得下列結果：

固有值 λ	固有向量 $\begin{pmatrix} t_1 \\ t_2 \\ t_3 \\ t_4 \\ t_5 \\ t_6 \end{pmatrix}$
2.54	$\begin{pmatrix} 0.42 \\ 0.47 \\ 0.50 \\ 0.36 \\ 0.35 \\ 0.32 \end{pmatrix}$
2.11	$\begin{pmatrix} -0.28 \\ -0.34 \\ -0.40 \\ 0.52 \\ 0.46 \\ 0.42 \end{pmatrix}$

用改過對角線的矩陣，再次求固有值和固有向量。

步驟 15　不斷重複步驟12到步驟14，直到步驟12的矩陣中往右下的對角線的任意值，也就是任意的共同性 $1 - d_i^2$ 快要超過1。

把重複到最後的 $\begin{pmatrix} \sqrt{\lambda_1} \times t_{11} & \sqrt{\lambda_2} \times t_{12} \\ \sqrt{\lambda_1} \times t_{21} & \sqrt{\lambda_2} \times t_{22} \\ \sqrt{\lambda_1} \times t_{31} & \sqrt{\lambda_2} \times t_{32} \\ \sqrt{\lambda_1} \times t_{41} & \sqrt{\lambda_2} \times t_{42} \\ \sqrt{\lambda_1} \times t_{51} & \sqrt{\lambda_2} \times t_{52} \\ \sqrt{\lambda_1} \times t_{61} & \sqrt{\lambda_2} \times t_{62} \end{pmatrix}$ 解釋為 $\begin{pmatrix} a_{11} & a_{12} \\ a_{21} & a_{22} \\ a_{31} & a_{32} \\ a_{41} & a_{42} \\ a_{51} & a_{52} \\ a_{61} & a_{62} \end{pmatrix}$

重複到快超過 1！

以這個例子來說，根據上一頁的結果，再重複步驟12到步驟14一次，下一次共同性 $1 - d_3^2$ 就會超過1。

所以上一頁的 $\begin{pmatrix} \sqrt{2.54} \times 0.42 & \sqrt{2.11} \times (-0.28) \\ \sqrt{2.54} \times 0.47 & \sqrt{2.11} \times (-0.34) \\ \sqrt{2.54} \times 0.50 & \sqrt{2.11} \times (-0.40) \\ \sqrt{2.54} \times 0.36 & \sqrt{2.11} \times 0.52 \\ \sqrt{2.54} \times 0.35 & \sqrt{2.11} \times 0.46 \\ \sqrt{2.54} \times 0.32 & \sqrt{2.11} \times 0.42 \end{pmatrix}$ 解釋為 $\begin{pmatrix} a_{11} & a_{12} \\ a_{21} & a_{22} \\ a_{31} & a_{32} \\ a_{41} & a_{42} \\ a_{51} & a_{52} \\ a_{61} & a_{62} \end{pmatrix}$ 即可，也就是：

$$\begin{pmatrix} a_{11} & a_{12} \\ a_{21} & a_{22} \\ a_{31} & a_{32} \\ a_{41} & a_{42} \\ a_{51} & a_{52} \\ a_{61} & a_{62} \end{pmatrix} = \begin{pmatrix} \sqrt{\lambda_1} \times t_{11} & \sqrt{\lambda_2} \times t_{12} \\ \sqrt{\lambda_1} \times t_{21} & \sqrt{\lambda_2} \times t_{22} \\ \sqrt{\lambda_1} \times t_{31} & \sqrt{\lambda_2} \times t_{32} \\ \sqrt{\lambda_1} \times t_{41} & \sqrt{\lambda_2} \times t_{42} \\ \sqrt{\lambda_1} \times t_{51} & \sqrt{\lambda_2} \times t_{52} \\ \sqrt{\lambda_1} \times t_{61} & \sqrt{\lambda_2} \times t_{62} \end{pmatrix} = \begin{pmatrix} \sqrt{2.54} \times 0.42 & \sqrt{2.11} \times (-0.28) \\ \sqrt{2.54} \times 0.47 & \sqrt{2.11} \times (-0.34) \\ \sqrt{2.54} \times 0.50 & \sqrt{2.11} \times (-0.40) \\ \sqrt{2.54} \times 0.36 & \sqrt{2.11} \times 0.52 \\ \sqrt{2.54} \times 0.35 & \sqrt{2.11} \times 0.46 \\ \sqrt{2.54} \times 0.32 & \sqrt{2.11} \times 0.42 \end{pmatrix} = \begin{pmatrix} 0.67 & -0.41 \\ 0.74 & -0.49 \\ 0.80 & -0.57 \\ 0.57 & 0.75 \\ 0.55 & 0.66 \\ 0.51 & 0.60 \end{pmatrix}$$

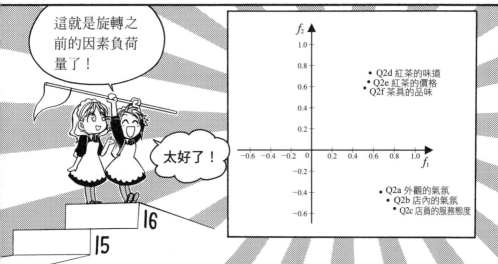

②求旋轉後的因素負荷量。

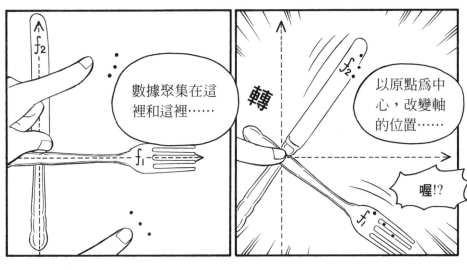

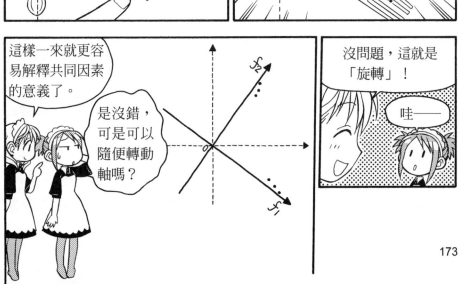

173

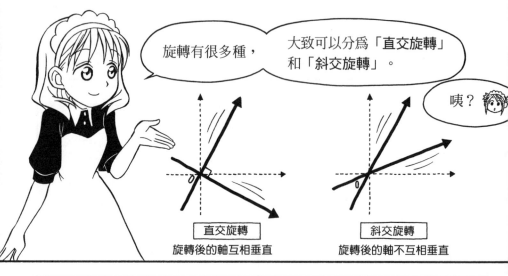

旋轉有很多種，

大致可以分爲「直交旋轉」和「斜交旋轉」。

咦？

直交旋轉
旋轉後的軸互相垂直

斜交旋轉
旋轉後的軸不互相垂直

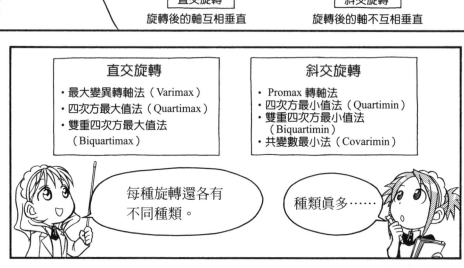

直交旋轉
・最大變異轉軸法（Varimax）
・四次方最大值法（Quartimax）
・雙重四次方最大值法（Biquartimax）

斜交旋轉
・Promax 轉軸法
・四次方最小值法（Quartimin）
・雙重四次方最小值法（Biquartimin）
・共變數最小法（Covarimin）

每種旋轉還各有不同種類。

種類眞多……

直交旋轉之中最有名的是「最大變異轉軸法」斜交旋轉之中最有名的是「Promax 轉軸法」。

嘻嘻！

直交旋轉
最大變異轉軸法

聽起來眞酷！

今天先說明旋轉之中最有名的最大變異轉軸法的計算方法。

好！

剛才我們算了因素負荷量矩陣吧？

嗯！

$$\begin{pmatrix} a_{11} & a_{12} \\ a_{21} & a_{22} \\ a_{31} & a_{32} \\ a_{41} & a_{42} \\ a_{51} & a_{52} \\ a_{61} & a_{62} \end{pmatrix} = \begin{pmatrix} 0.67 & -0.41 \\ 0.74 & -0.49 \\ 0.80 & -0.57 \\ 0.57 & 0.75 \\ 0.55 & 0.66 \\ 0.51 & 0.60 \end{pmatrix}$$

把因素負荷量矩陣套入下面的算式：

可以改成⋯⋯

$$\begin{pmatrix} a_{11} & a_{12} \\ a_{21} & a_{22} \\ \vdots & \vdots \\ a_{61} & a_{62} \end{pmatrix} \begin{pmatrix} a_{11} & a_{21} & \cdots & a_{61} \\ a_{12} & a_{22} & \cdots & a_{62} \end{pmatrix} = \begin{pmatrix} 0.67 & -0.41 \\ 0.74 & -0.49 \\ \vdots & \vdots \\ 0.51 & 0.60 \end{pmatrix} \begin{pmatrix} 0.67 & 0.74 & \cdots & 0.51 \\ -0.41 & -0.49 & \cdots & 0.60 \end{pmatrix}$$

$$\begin{pmatrix} a_{11} & a_{12} \\ a_{21} & a_{22} \\ \vdots & \vdots \\ a_{61} & a_{62} \end{pmatrix} \begin{pmatrix} a_{11} & a_{21} & \cdots & a_{61} \\ a_{12} & a_{22} & \cdots & a_{62} \end{pmatrix}$$

$$= \begin{pmatrix} 0.67 & -0.41 \\ 0.74 & -0.49 \\ \vdots & \vdots \\ 0.51 & 0.60 \end{pmatrix} \begin{pmatrix} 0.67 & 0.74 & \cdots & 0.51 \\ -0.41 & -0.49 & \cdots & 0.60 \end{pmatrix}$$

$$= \begin{pmatrix} 0.67 & -0.41 \\ 0.74 & -0.49 \\ \vdots & \vdots \\ 0.51 & 0.60 \end{pmatrix} \begin{pmatrix} 1 & 0 \\ 0 & 1 \end{pmatrix} \begin{pmatrix} 0.67 & 0.74 & \cdots & 0.51 \\ -0.41 & -0.49 & \cdots & 0.60 \end{pmatrix}$$ ◀ 請參見第69頁

$$= \begin{pmatrix} 0.67 & -0.41 \\ 0.74 & -0.49 \\ \vdots & \vdots \\ 0.51 & 0.60 \end{pmatrix} \begin{pmatrix} \cos(-\theta) & -\sin(-\theta) \\ \sin(-\theta) & \cos(-\theta) \end{pmatrix} \begin{pmatrix} \cos\theta & -\sin\theta \\ \sin\theta & \cos\theta \end{pmatrix} \begin{pmatrix} 0.67 & 0.74 & \cdots & 0.51 \\ -0.41 & -0.49 & \cdots & 0.60 \end{pmatrix}$$ ◀ 請參見第72頁

$$= \left\{ \begin{pmatrix} 0.67 & -0.41 \\ 0.74 & -0.49 \\ \vdots & \vdots \\ 0.51 & 0.60 \end{pmatrix} \begin{pmatrix} \cos(-\theta) & -\sin(-\theta) \\ \sin(-\theta) & \cos(-\theta) \end{pmatrix} \right\} \left\{ \begin{pmatrix} \cos\theta & -\sin\theta \\ \sin\theta & \cos\theta \end{pmatrix} \begin{pmatrix} 0.67 & 0.74 & \cdots & 0.51 \\ -0.41 & -0.49 & \cdots & 0.60 \end{pmatrix} \right\}$$ 加上括號

$$= \left\{ \begin{pmatrix} 0.67 & -0.41 \\ 0.74 & -0.49 \\ \vdots & \vdots \\ 0.51 & 0.60 \end{pmatrix} \begin{pmatrix} \cos\theta & \sin\theta \\ -\sin\theta & \cos\theta \end{pmatrix} \right\} \left\{ \begin{pmatrix} \cos\theta & -\sin\theta \\ \sin\theta & \cos\theta \end{pmatrix} \begin{pmatrix} 0.67 & 0.74 & \cdots & 0.51 \\ -0.41 & -0.49 & \cdots & 0.60 \end{pmatrix} \right\}$$

略過詳細說明，
$\begin{cases} \cos(-\theta) = \cos\theta \\ \sin(-\theta) = -\sin\theta \end{cases}$

$$= \begin{pmatrix} 0.67 \times \cos\theta - (-0.41) \times \sin\theta & 0.67 \times \sin\theta + (-0.41) \times \cos\theta \\ 0.74 \times \cos\theta - (-0.49) \times \sin\theta & 0.74 \times \sin\theta + (-0.49) \times \cos\theta \\ \vdots & \vdots \\ 0.51 \times \cos\theta - 0.60 \times \sin\theta & 0.51 \times \sin\theta + 0.60 \times \cos\theta \end{pmatrix} \begin{pmatrix} 0.67 \times \cos\theta - (-0.41) \times \sin\theta & 0.74 \times \cos\theta - (-0.49) \times \sin\theta & \cdots & 0.51 \times \cos\theta - 0.60 \times \sin\theta \\ 0.67 \times \sin\theta + (-0.41) \times \cos\theta & 0.74 \times \sin\theta + (-0.49) \times \cos\theta & \cdots & 0.51 \times \sin\theta + 0.60 \times \cos\theta \end{pmatrix}$$

$$= \begin{pmatrix} b_{11} & b_{12} \\ b_{21} & b_{22} \\ \vdots & \vdots \\ b_{61} & b_{62} \end{pmatrix} \begin{pmatrix} b_{11} & b_{21} & \cdots & b_{61} \\ b_{12} & b_{22} & \cdots & b_{62} \end{pmatrix}$$

為了看起來更簡潔，把

$$\begin{pmatrix} 0.67 \times \cos\theta - (-0.41) \times \sin\theta & 0.67 \times \sin\theta + (-0.41) \times \cos\theta \\ 0.74 \times \cos\theta - (-0.49) \times \sin\theta & 0.74 \times \sin\theta + (-0.49) \times \cos\theta \\ \vdots & \vdots \\ 0.51 \times \cos\theta - 0.60 \times \sin\theta & 0.51 \times \sin\theta + 0.60 \times \cos\theta \end{pmatrix}$$

寫成 $\begin{pmatrix} b_{11} & b_{12} \\ b_{21} & b_{22} \\ \vdots & \vdots \\ b_{61} & b_{62} \end{pmatrix}$

嗯！
沒錯！

換句話說，

$$\begin{pmatrix} a_{11} & a_{12} \\ a_{21} & a_{22} \\ \vdots & \vdots \\ a_{61} & a_{62} \end{pmatrix} = \begin{pmatrix} 0.67 & -0.41 \\ 0.74 & -0.49 \\ \vdots & \vdots \\ 0.51 & 0.60 \end{pmatrix}$$

是因素負荷量矩陣。

$$\begin{pmatrix} b_{11} & b_{12} \\ b_{21} & b_{22} \\ \vdots & \vdots \\ b_{61} & b_{62} \end{pmatrix} = \begin{pmatrix} 0.67 \times \cos\theta - (-0.41) \times \sin\theta & 0.67 \times \sin\theta + (-0.41) \times \cos\theta \\ 0.74 \times \cos\theta - (-0.49) \times \sin\theta & 0.74 \times \sin\theta + (-0.49) \times \cos\theta \\ \vdots & \vdots \\ 0.51 \times \cos\theta - 0.60 \times \sin\theta & 0.51 \times \sin\theta + 0.60 \times \cos\theta \end{pmatrix}$$

也是因素負荷量矩陣。

哪一個才是真正的因素負荷量矩陣啊？

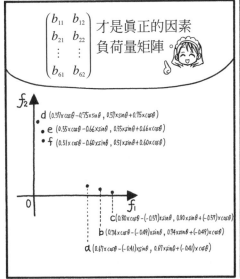

$$\begin{pmatrix} b_{11} & b_{12} \\ b_{21} & b_{22} \\ \vdots & \vdots \\ b_{61} & b_{62} \end{pmatrix}$$ 才是真正的因素負荷量矩陣。

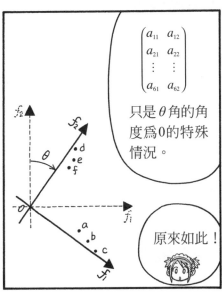

$$\begin{pmatrix} a_{11} & a_{12} \\ a_{21} & a_{22} \\ \vdots & \vdots \\ a_{61} & a_{62} \end{pmatrix}$$

只是 θ 角的角度為 0 的特殊情況。

原來如此！

177

以這個例子來說，
最大變異轉軸法是：
「第一共同因素的因素負荷量平
方」的離差平方和加上「第二共
同因素的因素負荷量平方」的離
差平方和……

呃……X的離差
平方和等於
$(x_i-\bar{x})^2$
相加，所以……

具體而言，就是把軸
旋轉 θ 度角，讓下列
算式的值最大。

原來如此！

$$\left(b_{11}^2 - \frac{b_{11}^2 + b_{21}^2 + \cdots + b_{61}^2}{6}\right)^2 + \cdots + \left(b_{61}^2 - \frac{b_{11}^2 + b_{21}^2 + \cdots + b_{61}^2}{6}\right)^2$$

$$+ \left(b_{12}^2 - \frac{b_{12}^2 + b_{22}^2 + \cdots + b_{62}^2}{6}\right)^2 + \cdots + \left(b_{62}^2 - \frac{b_{12}^2 + b_{22}^2 + \cdots + b_{62}^2}{6}\right)^2$$

但最大變異轉軸法有兩種，
分別是「原始最大變異轉
軸法」（Varimax raw）和
「標準化最大變異轉軸法」
（Varimax normalized）……

什麼？

標
準
化

raw

剛才利用的是原始最
大變異轉軸法。
現在所謂的最大變異
轉軸法通常是指標準
化最大變異轉軸法。

是什麼方法？

喀！喀！

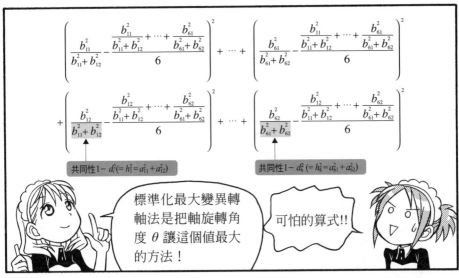

畫成座標圖
如右：

哇，看起來很
容易解釋。

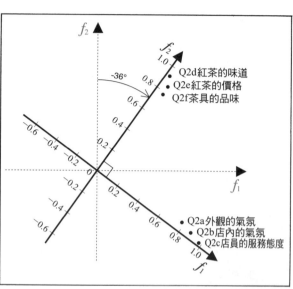

-36°

Q2d紅茶的味道
Q2e紅茶的價格
Q2f茶具的品味

Q2a外觀的氣氛
Q2b店內的氣氛
Q2c店員的服務態度

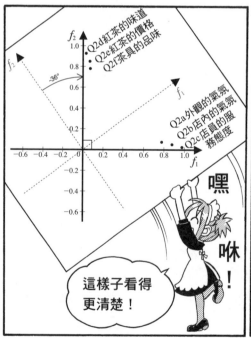

-36°

Q2d紅茶的味道
Q2e紅茶的價格
Q2f茶具的品味

Q2a外觀的氣氛
Q2b店內的氣氛
Q2c店員的服務態度

嘿
咻
！

這樣子看得
更清楚！

步驟 1	只旋轉第一共同因素和第二共同因素
步驟 2	只旋轉第一共同因素和第三共同因素
步驟 3	只旋轉第一共同因素和第四共同因素
步驟 4	只旋轉第二共同因素和第三共同因素
步驟 5	只旋轉第二共同因素和第四共同因素
步驟 6	只旋轉第三共同因素和第四共同因素

如果假設共同因素有「4個」，就像這樣每次任意旋轉兩道軸。

原來如此！

③解釋每個共同因素的意義。

已經求得因素負荷量了……

開始解釋顧客「對諾諾的印象」背後隱藏的「想法」！

第一共同因素 $f_1 = ?$

第二共同因素 $f_2 = ?$

終於要開始解釋了！

把整理剛才求得的因素負荷量絕對值在0.5以上的部分塗色。

	第一共同因素	第二共同因素
Q1a 外觀的氣氛	0.78	0.07
Q1b 店內的氣氛	0.89	0.04
Q1c 店員的服務態度	0.99	0.01
Q1d 紅茶的味道	0.01	0.94
Q1e 紅茶的價格	0.05	0.86
Q1f 茶具的品味	0.06	0.79

我在注意事項曾經提到，因素負荷量的絕對值越大，「共同因素對於應變數的影響程度越大」！

簡單的判斷標準為 0.5

對！
我想起來了。

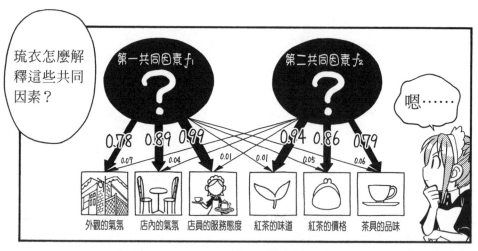

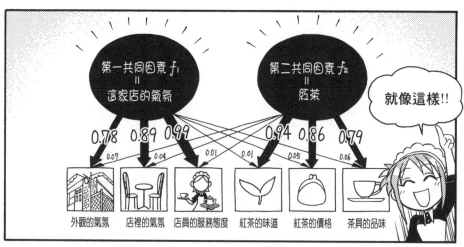

換句話說，「對諾諾的印象」的背後隱藏著「這家店的氣氛」和「紅茶」這兩方面的想法，對嗎？

沒錯！

太棒了！我懂了！

不過，還沒結束呢，琉衣！

還必須求出因素得分，以確定分析結果的準確度。

說得對！

④確定分析結果的準確度。

要確定分析結果是否可信。

好！

你是否記得，由 p 個變數構成的相關矩陣固有值總和為 p？

當然記得啊！ 每個變數分到的固有值是1吧？

固有值
第1個
第2個
第p個
總計 p 個

沒錯！

因素分析也和主成分分析一樣，靠累計貢獻率來判斷分析結果好不好。

喔！

不過，因素分析和主成分分析的貢獻率定義不同。

喀 喀

以剛才的例子來說，「第 i 共同因素的貢獻率」如下：

了解。

利用因素負荷量

$$第\ i\ 共同因素的貢獻率 = \frac{b_{1i}^2 + b_{2i}^2 + b_{3i}^2 + b_{4i}^2 + b_{5i}^2 + b_{6i}^2}{6} \times 100$$

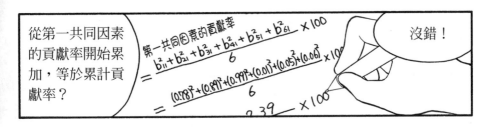

從第一共同因素的貢獻率開始累加，等於累計貢獻率？

沒錯！

$$= \frac{\text{第一共同因素的貢獻率}}{b_{11}^2 + b_{21}^2 + b_{31}^2 + b_{41}^2 + b_{51}^2 + b_{61}^2}{6} \times 100$$

$$= \frac{(0.78)^2 + (0.89)^2 + (0.99)^2 + (0.01)^2 + (0.05)^2 + (0.06)^2}{6} \times 100$$

$$= \frac{2.39}{6} \times 100$$

具體計算過程如下：

原來如此！

	$b_{11}^2 + b_{21}^2 + \cdots + b_{61}^2$	貢獻率	累計貢獻率
第一共同因素	2.39	$\frac{2.39}{6} \times 100 = 39.8\,(\%)$	$\frac{2.39}{6} \times 100 = 39.8\,(\%)$
第二共同因素	2.26	$\frac{2.26}{6} \times 100 = 37.7\,(\%)$	$\frac{2.39}{6} \times 100 + \frac{2.26}{6} \times 100 = 77.4\,(\%)$

累計貢獻率還是越大越好吧？

沒錯！

77.4%

不過，至少要累加到「分析者假設的共同因素個數」，最好至少有50%。

這次累計貢獻率為77.4%，代表分析結果很好！

可是在統計學上並沒有「累計貢獻率在〇〇以上就代表分析結果很好」的明確標準。

因素分析也一樣。

換句話說……

沒錯！

⑤求出因素得分，掌握每個個體的特徵。

最後來求「因素得分」吧。

好！

因素得分代表每個個體具體的共同因素值，你還記得嗎？

	文科能力	理科能力
A	XX	XX
B	XX	XX
	XX	XX
	⋮	⋮

嗯！

只要求得因素得分，就能掌握回答問卷者的特徵。

哇！

因素得分的計算方法包括「迴歸法」、「巴雷特法」（Bartlett）、「安德森‧魯賓法」（Anderson Rubin），今天講解最著名的迴歸法。

好！

記得必須先把每個變數標準化嗎?

因素分析一開始的計算就把數值標準化。

簡單表示以迴歸法計算因素得分的方法,就像這樣:

嗯?

	Q1a 標準值 u_1	⋯	Q1f 標準值 u_6
A	1.2	⋯	−0.9
⋮	⋮	⋮	⋮
O	−1.2	⋯	0.6

A 的第一共同因素得分	$f_{A1} = w_{11} \times 1.2 + \cdots + w_{61} \times (-0.9)$
O 的第二共同因素得分	$f_{O2} = w_{12} \times (-1.2) + \cdots + w_{62} \times 0.6$

把每個變數標準化之後的數據(請參照第155頁)　相關矩陣的反矩陣(請參照第166頁)　旋轉後的因素負荷量矩陣(請參照第179頁)

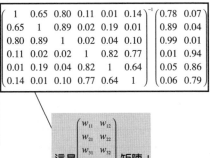
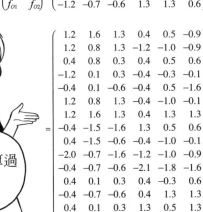
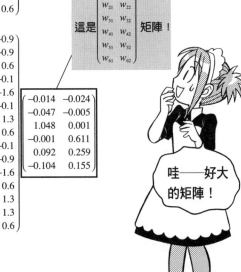

$$
\begin{pmatrix}
f_{A1} & f_{A2}\\
f_{B1} & f_{B2}\\
f_{C1} & f_{C2}\\
f_{D1} & f_{D2}\\
f_{E1} & f_{E2}\\
f_{F1} & f_{F2}\\
f_{G1} & f_{G2}\\
f_{H1} & f_{H2}\\
f_{I1} & f_{I2}\\
f_{J1} & f_{J2}\\
f_{K1} & f_{K2}\\
f_{L1} & f_{L2}\\
f_{M1} & f_{M2}\\
f_{N1} & f_{N2}\\
f_{O1} & f_{O2}
\end{pmatrix}
=
\begin{pmatrix}
1.2 & 1.6 & 1.3 & 0.4 & 0.5 & -0.9\\
1.2 & 0.8 & 1.3 & -1.2 & -1.0 & -0.9\\
0.4 & 0.8 & 0.3 & 0.4 & 0.5 & 0.6\\
-1.2 & 0.1 & 0.3 & -0.4 & -0.3 & -0.1\\
-0.4 & 0.1 & -0.6 & -0.4 & 0.5 & -1.6\\
1.2 & 0.8 & 1.3 & -0.4 & -1.0 & -0.1\\
1.2 & 1.6 & 1.3 & 0.4 & 1.3 & 1.3\\
-0.4 & -1.5 & -1.6 & 1.3 & 0.5 & 0.6\\
0.4 & -1.5 & -0.6 & -0.4 & -1.0 & -0.1\\
-2.0 & -0.7 & -1.6 & -1.2 & -1.0 & -0.9\\
-0.4 & -0.7 & -0.6 & -2.1 & -1.8 & -1.6\\
0.4 & 0.1 & 0.3 & 0.4 & -0.3 & 0.6\\
-0.4 & -0.7 & -0.6 & 0.4 & 1.3 & 1.3\\
0.4 & 0.1 & 0.3 & 1.3 & 0.5 & 1.3\\
-1.2 & -0.7 & -0.6 & 1.3 & 1.3 & 0.6
\end{pmatrix}
$$

$$
\begin{pmatrix}
1 & 0.65 & 0.80 & 0.11 & 0.01 & 0.14\\
0.65 & 1 & 0.89 & 0.02 & 0.19 & 0.01\\
0.80 & 0.89 & 1 & 0.02 & 0.04 & 0.10\\
0.11 & 0.02 & 0.02 & 1 & 0.82 & 0.77\\
0.01 & 0.19 & 0.04 & 0.82 & 1 & 0.64\\
0.14 & 0.01 & 0.10 & 0.77 & 0.64 & 1
\end{pmatrix}^{-1}
\begin{pmatrix}
0.78 & 0.07\\
0.89 & 0.04\\
0.99 & 0.01\\
0.01 & 0.94\\
0.05 & 0.86\\
0.06 & 0.79
\end{pmatrix}
$$

這是
$$
\begin{pmatrix}
w_{11} & w_{12}\\
w_{21} & w_{22}\\
w_{31} & w_{32}\\
w_{41} & w_{42}\\
w_{51} & w_{52}\\
w_{61} & w_{62}
\end{pmatrix}
$$
矩陣!

具體計算過程如右:

$$
=
\begin{pmatrix}
1.2 & 1.6 & 1.3 & 0.4 & 0.5 & -0.9\\
1.2 & 0.8 & 1.3 & -1.2 & -1.0 & -0.9\\
0.4 & 0.8 & 0.3 & 0.4 & 0.5 & 0.6\\
-1.2 & 0.1 & 0.3 & -0.4 & -0.3 & -0.1\\
-0.4 & 0.1 & -0.6 & -0.4 & 0.5 & -1.6\\
1.2 & 0.8 & 1.3 & -0.4 & -1.0 & -0.1\\
1.2 & 1.6 & 1.3 & 0.4 & 1.3 & 1.3\\
-0.4 & -1.5 & -1.6 & 1.3 & 0.5 & 0.6\\
0.4 & -1.5 & -0.6 & -0.4 & -1.0 & -0.1\\
-2.0 & -0.7 & -1.6 & -1.2 & -1.0 & -0.9\\
-0.4 & -0.7 & -0.6 & -2.1 & -1.8 & -1.6\\
0.4 & 0.1 & 0.3 & 0.4 & -0.3 & 0.6\\
-0.4 & -0.7 & -0.6 & 0.4 & 1.3 & 1.3\\
0.4 & 0.1 & 0.3 & 1.3 & 0.5 & 1.3\\
-1.2 & -0.7 & -0.6 & 1.3 & 1.3 & 0.6
\end{pmatrix}
\begin{pmatrix}
-0.014 & -0.024\\
-0.047 & -0.005\\
1.048 & 0.001\\
-0.001 & 0.611\\
0.092 & 0.259\\
-0.104 & 0.155
\end{pmatrix}
$$

哇——好大的矩陣!

整理計算結果。

	第一共同因素 f_1	第二共同因素 f_2
A	1.38	0.24
B	1.27	−1.19
C	0.28	0.49
D	0.34	−0.30
E	−0.45	−0.35
F	1.20	−0.56
G	1.22	0.78
H	−1.60	1.03
I	−0.68	−0.53
J	−1.61	−1.11
K	−0.62	−1.97
L	0.24	0.29
M	−0.64	0.83
N	0.24	1.12
O	−0.56	1.25
平均	0	0

仔細看第一共同因素的因素得分，看看誰的值最大？

嗯……

	第一共同因素 f_1
A	1.38
B	1.27
C	0.28
D	0.34
E	−0.45
F	
G	
H	

是A！

對「這家店的氣氛」印象最好的人是A。

A

原來如此！

以同樣角度解讀第二共同因素。

數值最大的是K！

對「紅茶」印象最好的人是K！

沒錯！

分析結束了！

辛苦了！琉衣！

因素分析講座到此告一段落啦！

學會問卷設計⋯⋯

因素分析⋯⋯

還有主成分分析⋯⋯

謝謝美羽學姊！

不客氣！

山本衛應該會很驚訝吧!?

嗯！一定會很驚訝喔！

辛苦你了，琉衣！

謝謝學姊⋯⋯

（嗚～～）

真想早點見到他⋯⋯

市場行銷公司

什麼!?
已經到機場了!?

高津部長,
電話!

您好……

業務應該沒這
麼快結束吧!?
怎麼回事?

…

擦乾眼淚吧。

呵呵,真不好
意思……

啊,不好意
思!手機響
了……

喂?哥?

啊!
真的嗎!?

琉衣!山本
衛已經到機
場了!

什麼……

本章範例定義的母群體和樣本如下：

母群體	諾諾咖啡廳的所有上門顧客
樣本	實施問卷調查的某月某日下午三點到四點之間上門的顧客

這並不是隨機抽樣，而是根據美羽和琉衣的隨意判斷，以非隨機抽樣法選出的樣本。

我在第1章提到「樣本必須是『母群體的精巧縮小版』才有意義」，有不少讀者應該會覺得，為什麼會舉個自相矛盾的例子來說明因素分析？很抱歉，請大家見諒。雖然聽起來自相矛盾，不過實際上進行市場分析時，很難避免這種情況。換句話說，「實際上是以非隨機抽樣法選出的樣本，但分析時把樣本當成隨機抽樣的結果」。如果不這麼做，別說要做因素分析，幾乎所有分析都很難實行。

在「實際上是利用非隨機抽樣法選出的樣本，分析時把樣本當成隨機抽樣的結果」這種狀況下，如果取得樣本的方法不太離譜，只要事先聲明，實務上是可以接受的。不過，學術研究可沒有這麼簡單，著手調查之前請仔細想清楚抽樣方法是否合理。

❀ 5. 注意事項的補充說明 ❀

第139頁到第149頁介紹的因素分析注意事項如下：

注意事項 1	分析者先分析數據，「事後」才「主觀地」解釋每個共同因素的意義
注意事項 2	因素分析的共同因素和主成分分析的主成分不一樣，每個共通因素都是平等的
注意事項 3	分析者必須在分析「之前」設定共同因素的個數
注意事項 4	分析同樣的數據時，不管設定幾個共同因素，分析結果看來都有說服力；這時候分析者只要選擇自己覺得最好的，作為「最終分析結果」即可
注意事項 5	因素個數會受計算方法影響，不過，即使有許多共同因素隱藏在數據背後，因素分析所能找到的共同因素個數最多只能和應變數的個數一樣多
注意事項 6	（太占篇幅，在此省略）請參照第143頁
注意事項 7	計算因素分析時，通常會針對每個變數把分析的數據標準化後才計算
注意事項 8	（太占篇幅，在此省略）請參照第145頁
注意事項 9	因素分析並不是像魔法般的分析方法，無法自動導出分析者自己都沒想到的共同因素
注意事項 10	因素分析是確認因素負荷量數值的分析方法

在此補充說明幾點：

注意事項 1 的補充說明

沒有補充事項。

注意事項 2 的補充說明

沒有補充事項。

注意事項 3 的補充說明

因素分析的特點是分析者必須在分析「之前」設定共同因素的個數。
數學上的確有判斷應該設定為幾個的簡易標準，其中之一是第141頁提

到的「相關矩陣大於或等於1的固有值個數」。還有另一種方法是設為「把固有值由大排到小，畫成**陡坡圖**（Scree Plot），曲線突然變緩之前的固有值個數」。

一般說明因素分析的書籍都會談到上一段的內容，然而，我不覺得應該為了區區的「簡易判斷標準」，就搬出「固有值個數」這種聽起來很「數學」的東西。別想得這麼難，只要按照第141頁所說的，針對共同因素個數設定幾種情況，分析看看，試試幾種不同的假設，才是比較實際的做法。

注意事項 4 的補充說明

注意事項4比注意事項3重要多了。

剛才提到，分析者可以選擇自己覺得最好的分析結果作為「最終分析結果」；想必有讀者忍不住懷疑：「這麼做妥當嗎？」

一般而言，符合下列條件的分析結果可以視為「最終分析結果」：

· 設定共同因素個數為「相關矩陣大於或等於1的固有值個數」之後求得的分析結果

· 設定共同因素個數為「把固有值由大排到小，畫成陡坡圖，曲線突然變緩之前的固有值個數」之後求得的分析結果

· 設定共同因素個數為「累積貢獻率達到某種程度[1]的個數」之後求得的分析結果

· 設定共同因素個數為「適合度檢定[2]未達統計信賴水準的個數」之後求得的分析結果

· 設定共同因素個數為「適合度指標[3]達到最佳值的個數」之後求得的分析結果

不過，根據筆者的經驗，這些條件並不可靠。在下列情況下可能派不上用場：

> 假設共同因素個數為2、3、4……，針對諸多情況分析之後，有3個共同因素的分析結果看起來最具說服力。計算相關矩陣大於或等於1的固有值個數，結果是3個。果然最普遍的條件設定方法最可靠。

分析者可以憑個人喜好選擇「最終分析結果」的說法可能太偏激。不過，就像我現在舉的例子一樣，最普遍的方法也可能派不上用場，最後還是得靠分析者自行判斷。

注意事項 5 的補充說明

利用最大變異轉軸法和Promax轉軸法作旋轉變換時，設定的共同因素個數有上限。稍後我再作詳細說明。

注意事項 6 的補充說明

沒有補充事項。

注意事項 7 的補充說明

沒有補充事項。

注意事項 8 的補充說明

我在第1章開頭說過，主成分分析和因素分析是不同的分析方法。也許因為有些軟體把主成分分析和因素分析當成同一種分析方法，所以不少人也跟著誤解。請重新回顧第138頁的簡圖，一定能了解「主成分分析＝因素分析」並不成立。

注意事項 9 的補充說明

如同我在第148頁所說的，進行因素分析之前必須先建立假設，推測「這些應變數背後有這種共同因素」。換句話說，只要有明確的假設，分析結果合乎分析者目的的機率也會變高。沒錯，因素分析其實就像「假比賽[4]」一樣。

---

1 筆者認為「一定程度」代表「50%」。
2 稍後再說明「適合度檢定」。
3 本書並不說明「適合度指標」。
4 說「假比賽」太誇張，總之這種分析方法必須靠分析者自己努力布局才能得到自己期待的結果。

進行因素分析之前，必須反覆檢視問卷的題目。即使反覆檢視，也可能推導出令人意外的結果，所以千萬不能大意。「因為手邊還有上次的問卷數據，就拿來做因素分析」，沒頭沒腦地絕對分析不出什麼好結果，這是一定的。

注意事項 10 的補充說明

大家通常都覺得因素分析是：

- 以少數共同因素說明應變數之間的相互關係的分析方法
- 找出隱藏在數據背後的共同因素的分析手法

兩者我都不贊同。從數學角度看來，前者的確是合理的定義，不過這種定義太深奧，恐怕只有「獨具慧根的人」才能一聽就懂。

至於後者，如同注意事項9所說的，因素分析就像「假比賽」一樣，所以這種定義並不正確，但是這是很容易一看就理解的定義，所以對於初學者來說算是不錯的「起步」。

筆者將因素分析定義為「確認因素負荷量數值的分析方法」。有些讀者可能會質疑：「這應該是**驗證型因素分析**[5]的定義吧？」請別誤會，我並未把因素分析定義為「『精準』確認因素負荷量數值的分析方法」。

---

5 因素分析大致可分為探索型因素分析和驗證型因素分析（確認型因素分析）。一般的「因素分析」屬於前者，本書所說明的因素分析也屬於前者。

✿ 6. 因素負荷量較小變數的處理方式 ✿

進行因素分析時，經常會碰到某些應變數不受任何共同因素影響的情況，如下圖：

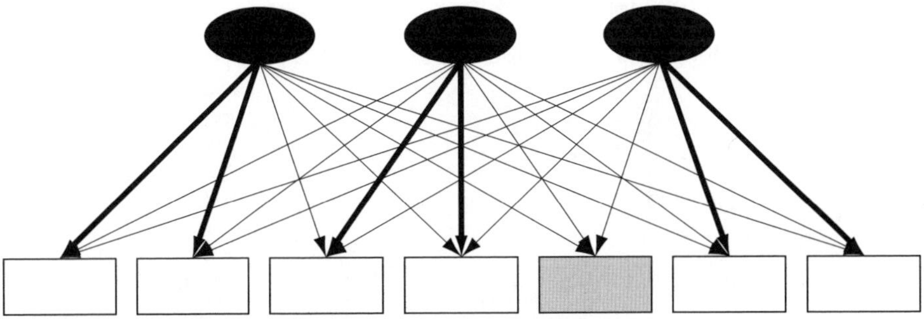

◆圖 5.1　有某些應變數不受任何共同因素的影響
（粗箭號代表因素負荷量的絕對值大或等於0.5）

在這種情況下，最好採取其中一種對策

- 移除該應變數，再作一次因素分析
- 不移除該應變數，把「因素負荷量的絕對值大或等於0.5」的標準慢慢降低，即「大或等於0.5→大或等於0.45大或等於0.4→……」，盡量創造「每個應變數都受到共同因素影響」的情況

後者「因素負荷量的絕對值大或等於××」的××並沒有統計學方面的理論根據，不過通常介於 0.3 到 0.5 之間。

7.1　簡介最大概似估計法

　　因素負荷量的著名計算方法除了之前介紹的主因素法之外，還有最大概似估計法[6]。以本章的範例來說：

　　L＝應變數個數＋log（X的矩陣）－X從左上往右下對角線上的值的總和

$$X = \begin{pmatrix} r_{11} & r_{12} & \cdots & r_{16} \\ r_{21} & r_{22} & \cdots & r_{26} \\ \vdots & \vdots & \ddots & \vdots \\ r_{61} & r_{62} & \cdots & r_{66} \end{pmatrix} \begin{pmatrix} a_{11} & a_{12} \\ a_{21} & a_{22} \\ \vdots & \vdots \\ a_{61} & a_{62} \end{pmatrix} \begin{pmatrix} a_{11} & a_{21} & \cdots & a_{61} \\ a_{12} & a_{22} & \cdots & a_{62} \end{pmatrix} + \begin{pmatrix} d_1^2 & 0 & \cdots & 0 \\ 0 & d_2^2 & \cdots & 0 \\ \vdots & \vdots & \ddots & \vdots \\ 0 & 0 & \cdots & d_6^2 \end{pmatrix}^{-1}$$

$$= \begin{pmatrix} 1 & 0.65 & \cdots & 0.14 \\ 0.65 & 1 & \cdots & 0.01 \\ \vdots & \vdots & \ddots & \vdots \\ 0.14 & 0.01 & \cdots & 1 \end{pmatrix} \begin{pmatrix} a_{11} & a_{12} \\ a_{21} & a_{22} \\ \vdots & \vdots \\ a_{61} & a_{62} \end{pmatrix} \begin{pmatrix} a_{11} & a_{21} & \cdots & a_{61} \\ a_{12} & a_{22} & \cdots & a_{62} \end{pmatrix} + \begin{pmatrix} d_1^2 & 0 & \cdots & 0 \\ 0 & d_2^2 & \cdots & 0 \\ \vdots & \vdots & \ddots & \vdots \\ 0 & 0 & \cdots & d_6^2 \end{pmatrix}^{-1}$$

以讓L達到最大值的矩陣 $\begin{pmatrix} a_{11} & a_{12} \\ a_{21} & a_{22} \\ \vdots & \vdots \\ a_{61} & a_{62} \end{pmatrix}$ 為解的計算方法[7]，就是最大概似估計法。

　　最近學術界流傳「最大概似估計法比主因素法更好」的說法，筆者擔心這樣一來，以後大家會不分狀況全部使用最大概似估計法。請注意，運用最大概似估計法的前提是「**母群體的數據呈現多變量常態分布**」[8]。

7.2　適合度檢定

　　據說，「最大概似估計法比主因素法更好」的原因之一在於：最大概似估計法能作「適合度檢定」[9]。「適合度檢定」用於檢定假設問題：

6　還有最小平方方法和一般化最小平方方法。

7　本書並未說明行列式。

8　多變量常態分布的機率密度函數式非常嚇人，而且函數式有許多需要說明的符號，所以在此略過不談。請大家從直觀的角度，來想像多變量常態分布，正如其名，它是常態分布的多變量版本。

虛無假設（Null Hypothesis）	共同因素個數為 m
對立假設（Alternative Hypothesis）	共同因素個數不為 m

在「適合度檢定」當中，如果 p 小於信賴水準 α，代表對立假設正確，可以導出「共同因素個數不為 m」的結論。如果 p 大於信賴水準，就無法證明虛無假設錯誤，換句話說，結論是「共同因素個數可能是 m 也可能不是 m，不過乾脆擴大解釋，把共同因素個數當成大約為 m」。

「適合度檢定」的魅力在於能大致判斷出共同因素的個數。不過，這種方法也無法自動求得最恰當的個數，所以並不算完美的檢定方法。

❀ 8. 為什麼旋轉時總是利用最大變異轉軸法？ ❀

我在第174頁提到有很多種旋轉方法，不過在論文和研究報告中，專家幾乎都採用最大變異轉軸法。

為什麼大家都用最大變異轉軸法？我並非專職研究「因素分析史」，並不清楚詳細情況，不過，我猜測可能是因為幾年前某位統計學者發表了「以不是最大變異轉軸法的方法旋轉，容易受到他人質疑，但若採用最大變異轉軸法，就沒有人會質疑」這樣的看法，之後學術界可能發生這樣的變化：

①很久以前有研究學者（※不是統計學家）發表了利用最大變異轉軸法分析的研究結果。
②其他研究學者看到該研究結果，覺得「因素分析很有趣」，自己也利用最大變異轉軸法分析，並發表研究結果。
③光陰似箭，不知不覺之間，仿效①和②的研究結果越來越多，數量龐大。結果形成毫無根據的既定印象——「因素分析的旋轉當然採用最大變異轉軸法」。

---

9 本書並未說明最大變異轉軸法比較好的理由，不過其優點之一是可以求「適合度指標」。

④過去應該也有研究學者質疑：「仔細想想，為什麼所有研究都利用最大變異轉軸法？」可惜大家不想惹麻煩，心裡雖然還是存有疑惑，最後依然選擇跟隨「因素分析的旋轉當然採用最大變異轉軸法」的潮流。

⑤仿效①和②的研究結果越來越多，數量越來越龐大，直到現在。

　　請大家注意，筆者的意思並非「最大變異轉軸法不好」、「不可以利用最大變異轉軸法」，只是想和大家討論「為什麼旋轉時總是利用最大變異轉軸法」的話題。

　　稍後我會介紹Promax轉軸法，我覺得這種計算方法也開始步上和最大變異轉軸法類似的路，實際上也慢慢出現這種趨勢。

❊ 9. 因素負荷量矩陣和因素結構矩陣 ❊

　　本節的內容有點抽象，我本來想說「不擅長數學的讀者可以不讀，直接跳過」，可是不了解本節的內容，就無法了解下一節的內容，所以請大家咬緊牙關撐過去。

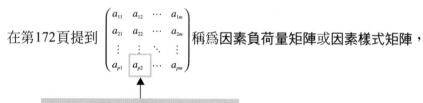

在第172頁提到 $\begin{pmatrix} a_{11} & a_{12} & \cdots & a_{1m} \\ a_{21} & a_{22} & \cdots & a_{2m} \\ \vdots & \vdots & \ddots & \vdots \\ a_{p1} & a_{p2} & \cdots & a_{pm} \end{pmatrix}$ 稱為**因素負荷量矩陣**或**因素樣式矩陣**，

第二共同因素 f_2 對應變數 p 的因素負荷量

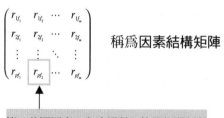

$\begin{pmatrix} r_{1f_1} & r_{1f_2} & \cdots & r_{1f_m} \\ r_{2f_1} & r_{2f_2} & \cdots & r_{2f_m} \\ \vdots & \vdots & \ddots & \vdots \\ r_{pf_1} & r_{pf_2} & \cdots & r_{pf_m} \end{pmatrix}$ 稱為**因素結構矩陣**

第二共同因素 f_2 和應變數 p 的單相關係數

　　在直交因素模型中，因素負荷量矩陣和因素結構矩陣一致。換句話說，下列關係會成立：

$$a_{61} = r_{6f_1}$$

第一共同因素 f_1 對應變數 6 的因素負荷量　　第一共同因素 f_1 和應變數 6 的單相關係數

但斜交因素模型並不成立。

請大家注意，下表所列出的第152頁和第188頁部分的因素得分。

◆表5.1　第152頁的數據和第188頁部分的因素得分

	Q1a 外觀的氣氛	第一共同因素 f_1
A	5	1.38
B	5	1.27
C	4	0.28
D	2	0.34
E	3	−0.45
F	5	1.20
G	5	1.22
H	3	−1.60
I	4	−0.68
J	1	−1.61
K	3	−0.62
L	4	0.24
M	3	−0.64
N	4	0.24
O	2	−0.56

　　這些數據單相關係數等於0.79，和第179頁的因素負荷量矩陣的$b_{11} = 0.78$不同。因為上表的因素得分不是「正確值」，而是「推測值」[10]。

10正如第186頁所說的，因素得分的計算方法包括：迴歸法、巴雷特法、安德森‧魯賓法等多種，這
　也就表示沒有計算因素得分「正確值」的唯一方法。

❊ 10. Promax轉軸法 ❊

10.1　簡介Promax轉軸法

　　如剛才所說的，最著名的斜交旋轉法是Promax 轉軸法。Promax 轉軸法的大致步驟如下：

①以最大變異轉軸法旋轉。
②猜測「根據以往的經驗，母群體一定是這個模樣」，也就是推測「眞正的因素負荷量矩陣」，這個矩陣通常稱爲**目標矩陣**。
③旋轉①的軸，盡量接近②推測的目標矩陣。

　　問題來了。
　　大家煩惱的問題正是不知道母群體的模樣，根本無法推測目標矩陣。
以Promax轉軸法旋轉時，就本章的範例來說，標準方法如下：

$$C = \begin{pmatrix} c_{11} & c_{12} \\ c_{21} & c_{22} \\ c_{31} & c_{32} \\ c_{41} & c_{42} \\ c_{51} & c_{52} \\ c_{61} & c_{62} \end{pmatrix} = \begin{pmatrix} 0.98599 & 0.00005 \\ 0.99538 & \boxed{0.00001} \\ 0.99966 & 0.00000 \\ 0.00000 & 0.99966 \\ 0.00001 & 0.99270 \\ 0.00003 & 0.98987 \end{pmatrix}$$

$$\frac{\sqrt{b_{21}^2 + b_{22}^2}}{b_{22}} \times \left| \frac{b_{22}}{\sqrt{b_{21}^2 + b_{22}^2}} \right|^{K+1} = \frac{\sqrt{0.89^2 + 0.04^2}}{0.04} \times \left| \frac{0.04}{\sqrt{0.89^2 + 0.04^2}} \right|^{4+1} = 0.00001$$

求得的矩陣 C 就是目標矩陣。計算過程出現的b_{21}和b_{22}是經過最大變異轉軸法旋轉後的因素負荷量矩陣的值。κ是分析者自行決定的值，在此設爲 4，通常可以設爲 2、3、4 左右的值。

$$B = \begin{pmatrix} b_{11} & b_{12} \\ b_{21} & b_{22} \\ b_{31} & b_{32} \\ b_{41} & b_{42} \\ b_{51} & b_{52} \\ b_{61} & b_{62} \end{pmatrix} = \begin{pmatrix} 0.78 & 0.07 \\ 0.89 & 0.04 \\ 0.99 & 0.01 \\ 0.01 & 0.94 \\ 0.05 & 0.86 \\ 0.06 & 0.79 \end{pmatrix}$$

有些讀者應該還是覺得有些內容太含糊：

· 依據什麼斷定「目標矩陣＝矩陣 C」？
· 為什麼分析者可擅自決定 κ 的值？
· Promax 轉軸法明明是斜交旋轉法，為什麼一開始先以最大變異轉軸法這種直交旋轉法進行旋轉？

我可以體會大家的感受，但請大家換個角度想。把「目標矩陣＝矩陣 C」的方法正是Promax轉軸法；分析者可以擅自決定 κ 的方法正是Promax轉軸法；一開始先以最大變異轉軸法這種直交旋轉法進行旋轉的方法，一樣也是Promax轉軸法。

10.2 因素負荷量矩陣、因素相關矩陣、因素結構矩陣

以本章的範例來說，可以按照下列的計算過程，求得經過Promax轉軸法旋轉之後的因素負荷量矩陣、**因素相關矩陣**和因素結構矩陣。**因素相關矩陣**是記錄共同因素相互單相關係數的矩陣。

下面的計算過程出現許多矩陣，為了方便說明，以「P」和「Q」來代替。

■因素負荷量矩陣 P

$$P = \begin{pmatrix} 0.78 & 0.07 \\ \vdots & \vdots \\ 0.06 & 0.79 \end{pmatrix} \begin{pmatrix} 1.11 & -0.05 \\ -0.05 & 1.15 \end{pmatrix} \begin{pmatrix} 0.90 & 0 \\ 0 & 0.88 \end{pmatrix} = \begin{pmatrix} 0.78 & 0.03 \\ 0.89 & 0.01 \\ 0.99 & -0.03 \\ -0.03 & 0.94 \\ 0.02 & 0.86 \\ 0.02 & 0.79 \end{pmatrix}$$

上一頁的 B　　　Q　　　D

$$Q = \left[\begin{pmatrix} 0.78 & \cdots & 0.06 \\ 0.07 & \cdots & 0.79 \end{pmatrix} \begin{pmatrix} 0.78 & 0.07 \\ \vdots & \vdots \\ 0.06 & 0.79 \end{pmatrix} \right]^{-1} \begin{pmatrix} 0.78 & \cdots & 0.06 \\ 0.07 & \cdots & 0.79 \end{pmatrix} \begin{pmatrix} 0.98599 & 0.00005 \\ \vdots & \vdots \\ 0.00003 & 0.98987 \end{pmatrix} = \begin{pmatrix} 1.11 & -0.05 \\ -0.05 & 1.15 \end{pmatrix}$$

B 的轉置矩陣　　　B　　　B 的轉置矩陣　　　第202頁的 C

$$d = \left[\begin{pmatrix} 1.11 & -0.05 \\ -0.05 & 1.15 \end{pmatrix} \begin{pmatrix} 1.11 & -0.05 \\ -0.05 & 1.15 \end{pmatrix} \right]^{-1} = \begin{pmatrix} 0.81 & 0.07 \\ 0.07 & 0.77 \end{pmatrix}$$

Q 的轉置矩陣　　　Q

$$D = \begin{pmatrix} \sqrt{0.81} & 0 \\ 0. & \sqrt{0.77} \end{pmatrix} = \begin{pmatrix} 0.90 & 0 \\ 0 & 0.88 \end{pmatrix}$$

左上到右下的對角線為 d 的平方根，其他為 0的矩陣

■因素相關矩陣 L

$$L = \begin{pmatrix} 0.9991 & 0.0414 \\ 0.0421 & 0.9991 \end{pmatrix} \begin{pmatrix} 0.9991 & 0.0421 \\ 0.0414 & 0.9991 \end{pmatrix} = \begin{pmatrix} 1 & 0.08 \\ 0.08 & 1 \end{pmatrix}$$

T ｜ T的轉置矩陣

$$T = \left[\begin{pmatrix} 1.11 & -0.05 \\ -0.05 & 1.15 \end{pmatrix} \begin{pmatrix} 0.90 & 0 \\ 0 & 0.88 \end{pmatrix} \right]^{-1} = \begin{pmatrix} 0.9991 & 0.0414 \\ 0.0421 & 0.9991 \end{pmatrix}$$

Q ｜ D

■因素結構矩陣 S

$$S = \begin{pmatrix} 0.78 & 0.03 \\ 0.89 & 0.01 \\ 0.99 & -0.03 \\ -0.03 & 0.94 \\ 0.02 & 0.86 \\ 0.02 & 0.79 \end{pmatrix} \begin{pmatrix} 1 & 0.08 \\ 0.08 & 1 \end{pmatrix} = \begin{pmatrix} 0.78 & 0.10 \\ 0.89 & 0.08 \\ 0.99 & 0.05 \\ 0.05 & 0.94 \\ 0.09 & 0.86 \\ 0.09 & 0.79 \end{pmatrix}$$

P ｜ L

10.3 分析結果的準確度

我們無法以貢獻率或累計貢獻率，來確定經過Promax 轉軸法旋轉之後的分析結果的準確度。有時候會屏除其他共同因素的貢獻度或忽略其他共同因素的貢獻度，來確認準確度，有時候甚至不特別確定準確度。

「屏除其他共同因素的貢獻度」的概念很難了解，在此只說明「忽略其他共同因素的貢獻度」[11]。

「忽略其他共同因素的第 i 共同因素的貢獻度」是把因素結構矩陣的數值都改為平方，然後每一行加總的結果。以本章的範例來說：

	忽略其他共同因素的貢獻度
第一共同因素	$r_{1f_1}^2 + r_{2f_1}^2 + r_{3f_1}^2 + r_{4f_1}^2 + r_{5f_1}^2 + r_{6f_1}^2$ $= 0.78^2 + 0.89^2 + 0.99^2 + 0.05^2 + 0.09^2 + 0.09^2$ $= 2.40$
第二共同因素	$r_{1f_2}^2 + r_{2f_2}^2 + r_{3f_2}^2 + r_{4f_2}^2 + r_{5f_2}^2 + r_{6f_2}^2$ $= 0.10^2 + 0.08^2 + 0.05^2 + 0.94^2 + 0.86^2 + 0.79^2$ $= 2.28$

數值越大，代表該共同因素和越多應變數相關。此外，我們無法求出最大變異轉軸法之類的「屏除其他共同因素的貢獻『率』」。

「屏除其他共同因素的貢獻度」並不是絕對值，而是相對值。換句話說，是用「這個共同因素比那個共同因素大，或者那個共同因素比這個共同因素大」這樣的比較方法求得的，而非明確的數字，所以好不容易計算出結果之後，卻有一種「得到這些數字又怎麼樣？」的感覺。

---

11 因為這個概念不容易了解，所以在此不作解說，並不是因為「屏除其他共同因素的貢獻度」沒有用。

10.4　因素得分

　　以本章的範例來說，經過Promax 轉軸法旋轉之後，以迴歸法計算因素得分的過程如下：

| 標準化之後的數據
（參照第155頁） | | | | | | 相關矩陣的反矩陣
（參照第166頁） | 因素結構矩陣
（參照第205頁） |

$$
\begin{pmatrix} f_{A1} & f_{A2} \\ f_{B1} & f_{B2} \\ f_{C1} & f_{C2} \\ f_{D1} & f_{D2} \\ f_{E1} & f_{E2} \\ f_{F1} & f_{F2} \\ f_{G1} & f_{G2} \\ f_{H1} & f_{H2} \\ f_{I1} & f_{I2} \\ f_{J1} & f_{J2} \\ f_{K1} & f_{K2} \\ f_{L1} & f_{L2} \\ f_{M1} & f_{M2} \\ f_{N1} & f_{N2} \\ f_{O1} & f_{O2} \end{pmatrix} =
\begin{pmatrix}
1.2 & 1.6 & 1.3 & 0.4 & 0.5 & -0.9 \\
1.2 & 0.8 & 1.3 & -1.2 & -1.0 & -0.9 \\
0.4 & 0.8 & 0.3 & 0.4 & 0.5 & 0.6 \\
-1.2 & 0.1 & 0.3 & -0.4 & -0.3 & -0.1 \\
-0.4 & 0.1 & -0.6 & -0.4 & 0.5 & -1.6 \\
1.2 & 0.8 & 1.3 & -0.4 & -1.0 & -0.1 \\
1.2 & 1.6 & 1.3 & 0.4 & 1.3 & 1.3 \\
-0.4 & -1.5 & -1.6 & 1.3 & 0.5 & 0.6 \\
0.4 & -1.5 & -0.6 & -0.4 & -1.0 & -0.1 \\
-2.0 & -0.7 & -1.6 & -1.2 & -1.0 & -0.9 \\
-0.4 & -0.7 & -0.6 & -2.1 & -1.8 & -1.6 \\
0.4 & 0.1 & 0.3 & 0.4 & -0.3 & 0.6 \\
-0.4 & -0.7 & -0.6 & 0.4 & 1.3 & 1.3 \\
0.4 & 0.1 & 0.3 & 1.3 & 0.5 & 1.3 \\
-1.2 & -0.7 & -0.6 & 1.3 & 1.3 & 0.6
\end{pmatrix}
\begin{pmatrix}
1 & 0.65 & 0.80 & 0.11 & 0.01 & 0.14 \\
0.65 & 1 & 0.89 & 0.02 & 0.19 & 0.01 \\
0.80 & 0.89 & 1 & 0.02 & 0.04 & 0.10 \\
0.11 & 0.02 & 0.02 & 1 & 0.82 & 0.77 \\
0.01 & 0.19 & 0.04 & 0.82 & 1 & 0.64 \\
0.14 & 0.01 & 0.10 & 0.77 & 0.64 & 1
\end{pmatrix}^{-1}
\begin{pmatrix}
0.78 & 0.10 \\
0.89 & 0.08 \\
0.99 & 0.05 \\
0.05 & 0.94 \\
0.09 & 0.86 \\
0.09 & 0.79
\end{pmatrix}
$$

$$
=
\begin{pmatrix}
1.39 & 0.29 \\
1.22 & -1.14 \\
0.30 & 0.50 \\
0.33 & -0.29 \\
-0.46 & -0.36 \\
1.17 & -0.51 \\
1.25 & 0.83 \\
-1.56 & 0.96 \\
-0.70 & -0.56 \\
-1.65 & -1.17 \\
-0.71 & -2.00 \\
0.25 & 0.30 \\
-0.61 & 0.80 \\
0.28 & 1.13 \\
-0.51 & 1.22
\end{pmatrix}
$$

　　請大家記得，進行因素分析時，如果會用到最大變異轉軸法和Promax轉軸法，共同因素的個數是有上限的，必須符合下列關係：

$$共同因素的個數 \leq \frac{2 \times 應變數的個數 + 1 - \sqrt{應變數的個數 + 1}}{2}$$

以下將運用上述不等式，計算設定共同因素個數時的上限，整理成下表，僅供大家參考：

◆表5.2　共同因素個數的上限

應變數 的個數		共同因素 個數的上限	應變數 的個數		共同因素 個數的上限
1	→	0	21	→	15
2	→	0	22	→	15
3	→	1	23	→	16
4	→	1	24	→	17
5	→	2	25	→	18
6	→	3	26	→	19
7	→	3	27	→	20
8	→	4	28	→	21
9	→	5	29	→	21
10	→	6	30	→	22
11	→	6	31	→	23
12	→	7	32	→	24
13	→	8	33	→	25
14	→	9	34	→	26
15	→	10	35	→	27
16	→	10	36	→	28
17	→	11	37	→	28
18	→	12	38	→	29
19	→	13	39	→	30
20	→	14	40	→	31

❋ 12. 對於把主因素法和最大變異轉軸法當成「過時遺物」的疑慮 ❋

即使你是第一次接觸因素分析的讀者，也請務必看完這一節，就算有不懂的部分，也請忍耐。

本章選擇用主因素法來計算因素負荷量，以最大變異轉軸法旋轉。其實主因素法和最大變異轉軸法都已慢慢被視為「過時遺物」，被當成「不恰當的東西」了。具體而言，時代的潮流已經由「主因素法＋最大變異轉軸法」轉向「最大概似估計法＋Promax轉軸法」了。

筆者對於大家把主因素法和最大變異轉軸法當成「過時遺物」有所疑慮，理由如下：

- 主因素法大致上是**光譜分析**（Spectral Decomposition）[12]，沒有討論「新舊」、「好壞」的餘地。
- 主因素法和最大概似估計法不同，沒有「母群體必須符合多變量常態分布」這麼嚴格的限制。
- 主因素法乍看很難懂，其實計算過程比最大概似估計法更簡單[13]。
- 大家以Promax轉軸法代替最大變異轉軸法，可是決定目標矩陣和κ的方式實在很不可思議，令人難以放心地推崇這種計算方法。
- 最大變異轉軸法假設「任何共同因素之間的單相關係數為0」的確有點牽強，但長久以來，大家以「計算比較簡單」、「受限於電腦性能」之類的理由，默認最大變異轉軸法最好，儘管這些理由和探討真理無關。現在卻突然把最大變異轉軸法視為「過時遺物」、「不恰當的東西」，未免太沒道理了。
- 把主因素法和最大變異轉軸法視為「過時遺物」、「不恰當的東西」，等於宣告「利用主因素法和最大變異轉軸法所做的研究結果沒有價值，不值得作為參考，可以忽視不管」。然而，現在幾乎所

---

12 大致說來，第76～78頁說明的就是光譜分析。
13 這是筆者的主觀意見。

有研究結果都是採用「主因素法＋最大變異轉軸法」[14]，一旦推翻這些結果，將沒有資料可以作為依據[15]。

在此說明筆者的想法。有關因素負荷量的計算方法，主因素法和最大概似估計法的差別不在於「新舊」、「好壞」，只是「流派」不同。

至於旋轉方法，最大變異轉軸法假設「任何共同因素之間的單相關係數爲0」的確有點勉強，Promax轉軸法同樣有無法擺脫的奇妙步驟，頂多只能說「Promax轉軸法好像不比最大變異轉軸法來得差」。

13. 因素分析的專有名詞

本書把因素分析的應變數稱爲「應變數」，通常稱爲「**觀測變數**」。

有時共同因素也稱爲**潛在變數**，因素負荷量又稱爲**路徑係數**（Path Coefficient）。

14這個部分寫於2006年秋天。

15筆者認為，那些嘲笑別人「還用主因素法和最大變異轉軸法作因素分析嗎？真落伍，哈哈哈……」的人，反而是給自己找麻煩。

啪！

謝謝！

山本衛……

山本衛在哪？

喘

喘

喘

喘

沙沙

沙沙

啊？琉衣？

哈哈……

還是穿得這麼邋遢……

怎麼會是拖鞋啊？

那就是山本香？

回來時太匆忙了……

笨蛋！

咚！

我很擔心以後再也見不到你了！

為什麼不和我聯絡？

什麼……？

琉衣上了大學很忙，你不要打擾她！

遵命……

咦……？

對不起……

部長！

爸？

山本衛！

喘 喘

山本衛！你工作做完啦？我為了讓你疏遠琉衣，明明派給你很多工作！

我已經完成全部的工作……

什麼!?

213

我輸了……

高津部長！

旧父！

山本衛

啊？是！

琉衣為了去幫你忙，每天上課學習因素分析喔。

什麼？
因素分析？

真了不起

沒想到你提早回來了。

其實……
我也……

想快點見到琉衣……

所以拚命趕工……

哈

歡迎你回來！山本衛！

抱

緊

太好了，琉衣！

沒想到他這麼有魅力！

你敢讓我女兒傷心，我一定不放過你！！

我不會讓她傷心的……

爸……

我們回諾諾咖啡廳辦派對，歡迎他回國吧！

好主意！

琉衣爸爸！一起走吧！

我可不去！

別這麼說嘛！走啦！走啦！

好啦！我去！我去！別推我……

哈哈……

附錄

各種分析方法

　　本章介紹一些著名的分析方法，有些方法也曾出現在《世界第一簡單統計學》、《世界第一簡單統計學【迴歸分析篇】》。
　　請掌握以下要點：
・有哪些分析方法？
・每種分析方法究竟是什麼方法？
・每種分析方法能釐清什麼？
　　此外，本書和《世界第一簡單統計學》、《世界第一簡單統計學【迴歸分析篇】》不同，很難靠EXCEL計算，所以在此不說明如何以EXCEL計算具體範例的步驟。

1 多變量分析

1.1 簡介多變量分析

如同第11頁所說的，**多變量分析**可以分析含有許多變數數據。

	變數 1	變數 2	‥	變數 p
回答者 1	34	1	‥	171.7
回答者 2	27	0	‥	156.8
:	:	:	:	:
回答者 n	19	1	‥	178.3

除了本書介紹的主成分分析和因素分析之外，還有許多屬於「多變量分析」的分析方法，最具代表性的分析方法如下圖：

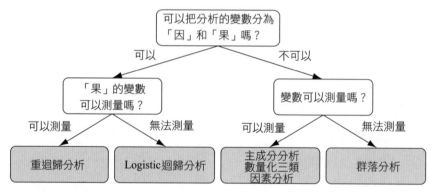

本章節將介紹上圖的

- ・重迴歸分析
- ・Logistic 迴歸分析
- ・群落分析
- ・數量化三類

除此之外，還會介紹**對應分析**（Correspondence Analysis）與**結構方程模型分析**。

1.2　重迴歸分析

重迴歸分析是根據幾個自變數來預測數值的分析方法。

■具體範例

下表是連鎖麵包店的數據資料：

	店面面積 （坪）	和最近車站的距離 （公尺）	單月銷售額 （萬日圓）
夢之丘本店	10	80	469
寺井站大樓店	8	0	366
曾根店	8	200	371
橋本街店	5	200	208
桔梗町店	7	300	246
郵局前店	8	230	297
水道町站前店	7	40	363
六条站大樓店	9	0	436
若葉川河堤店	6	330	198
美里店	9	180	364

假設這些變數的關係如下：

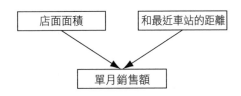

進行重迴歸分析，可以推導出下列算式：

$$y = 41.5x_1 - 0.3x_2 + 65.3$$

單月銷售額　　　店面面積　和最近車站的距離

把各種數值代入 x_1 和 x_2，可以模擬 y 的數值。

小叮嚀！

對重迴歸分析有興趣的讀者可參閱《世界第一簡單統計學【迴歸分析篇】》（世茂）。書中以這個具體範例，詳細説明重迴歸分析。

1.3 Logistic迴歸分析

Logistic迴歸分析是根據幾個自變數來預測機率的分析方法。

■具體範例

下表是琉衣打工的諾諾咖啡廳每日限量一份「特製蛋糕」的銷售量：

	星期三、星期六 或星期日	最高氣溫	特製蛋糕銷售量
5 日（一）	0	28	1
6 日（二）	0	24	0
7 日（三）	1	26	0
8 日（四）	0	24	0
9 日（五）	0	23	0
10 日（六）	1	28	1
11 日（日）	1	24	0
12 日（一）	0	26	1
13 日（二）	0	25	0
14 日（三）	1	28	1
15 日（四）	0	21	0
16 日（五）	0	22	0
17 日（六）	1	27	1
18 日（日）	1	26	1
19 日（一）	0	26	0
20 日（二）	0	21	0
21 日（三）	1	21	1
22 日（四）	0	27	0
23 日（五）	0	23	0
24 日（六）	1	22	0
25 日（日）	1	24	1

假設這些變數的關係如下：

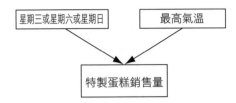

進行Logistic迴歸分析，可以推導出下列算式：

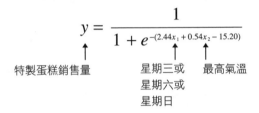

把各種數值代入 x_1 和 x_2，可以模擬 y 的數值。

小叮嚀！

　　對Logistic迴歸分析有興趣的讀者請參閱《世界第一簡單統計學【迴歸分析篇】》（世茂）。書中以這個具體範例，詳細說明Logistic迴歸分析。

1.4 群落分析

　　群落分析是根據分析對象之間的差距，把分析對象分成幾個群落的分析方法。「分析對象」代表個體或變數。

　　有些讀者應該會覺得：「即使不作群落分析，只要透過主成分分析和因素分析，就能把個體和變數分類。」這麼說沒錯，不過，主成分分析和因素分析只能把個體和變數大致分類，頂多是「從散布圖看來，這個回答者和這個回答者看起來比較類似」。群落分析可以更具體明確地把個體和變數分類。

■具體範例

　　下表是補習班國三生的考試成績：

	國語	社會	自然	英語	數學
A	93	100	89	84	77
B	100	98	89	95	86
C	84	84	99	85	100
D	70	73	92	66	77
E	70	72	89	66	75
F	66	68	95	57	82
G	74	70	96	93	88
H	74	75	95	70	79
I	76	77	92	78	83
J	79	88	100	86	100

假設群落個數爲「2」，進行群落分析，可以得到下列分類：

第一群落	第二群落
A	D
B	E
C	F
G	H
J	I

小叮嚀！

　　讀了具體範例之後，應該有不少讀者感到疑惑。進行群落分析時，並非分析「之後」才「明白」群落個數，必須由分析者在分析「之前」先「設定」，就像進行因素分析時要先設定共同因素個數一樣。

　　群落分析是根據分析對象之間的差距，來將分析對象分類的數學分析方法，無法掌握「第一群落是由什麼特徵的人所組成的團體」。分析者必須先做完群落分析之後，以「事後諸葛」的智慧，「主觀」解釋每個群落的特徵，例如：「第一群落是會讀書的人，第二群落是不擅長讀書的人」。

　　群落分析的計算方法很多，可說「流派」紛立，種類真的很多。

　　請重新閱讀本專欄的內容，大家應該已經了解群落分析是有「恣意性」偏差的分析方法。一般書籍並不會明白指出這一點，特此說明。

1.5 　對應分析與數量化三類

　　對應分析是和**數量化三類**非常類似的分析方法。因為對應分析比較容易懂，所以本章節先介紹對應分析，再說明真正的主題數量化三類。對應分析通常不屬於多變量分析的範圍。

　　對應分析是把交叉統計表化為散布圖的分析方法。說得更清楚一點，這種分析手法可以呈現「交叉統計表每個項目」中「充分顯示交叉統計表資訊的數值」，就像從空中拍攝交叉統計表的遠觀照片一樣。

■具體範例

下表是根據國中、高中、大學生的問卷調查結果整理而成：

單位：人

種類		最喜歡的藝人				
		A	B	C	D	
種類	國中	10	19	13	5	47
	高中	13	8	15	16	52
	大學生	18	11	14	8	51
總計		41	38	42	29	150

對上表進行對應分析，可以導出下圖的結果：

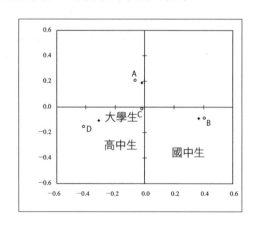

「國中生喜歡B」、「高中生喜歡D」、「大學生喜歡A」一目了然。

進入正題，**數量化三類**是「以原始數據為分析對象的對應分析」。也可以說是：

・把原始數據化為散布圖的分析方法
・呈現「原始數據回答者和變數」中「充分顯示原始數據資訊數值」的分析方法
・就像從空中拍攝原始數據的遠觀照片一樣

對應分析的分析對象是…

↓

交叉統計表

	甲 乙 丙 丁
X	
Y	
Z	

數量化三類的分析對象是…

↓

原始數據

	變數1	變數2	變數3	變數4
A				
B				
C				
D				
E				
F				
G				
H				
I				
J				

■具體範例

下表是調查二十多歲女性喜好雜誌的結果：

	KK	nana	mommo	Lay	KITINA
A	0	0	1	1	1
B	0	0	0	1	0
C	1	0	0	0	0
D	1	0	0	0	1
E	0	1	1	1	0
F	0	1	0	1	0
G	0	1	0	0	0
H	1	1	1	0	1
I	1	1	0	1	1
J	1	0	0	1	1

對上表進行數量化三類分析，可以導出下圖的結果：

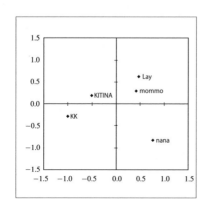
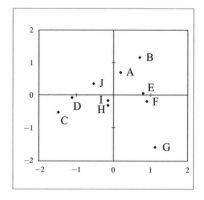

一眼就能看出「G喜歡nana」、「C喜歡KK」。

> **小叮嚀！**
>
> 　對數量化三類和對應分析有興趣的讀者，請參閱拙作《靠EXCEL學對應分析》（世茂）。

1.6　結構方程模型分析

下列簡圖稱為**路徑圖**。

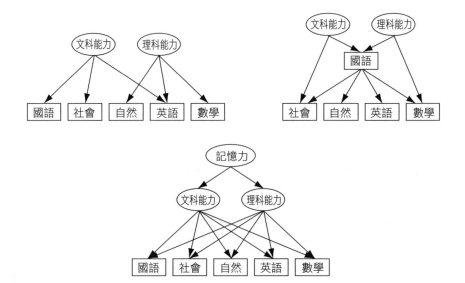

　　路徑圖可以呈現分析者認為「這個世界一定遵循這種結構」之類的「主觀」假設。方格中的變數是觀測變數，橢圓中的變數是潛在變數。

　　結構方程模型分析的功能是確定分析者畫的路徑圖是否符合現實，也就是確認分析者認為「這個世界一定遵循這種結構」之類的「主觀」假設是否正確。這也是求**路徑係數**（※各個箭號的具體值，相當於因素負荷量）的分析方法。

　　「結構方程模型分析」的原文是Structural Equation Modeling。因為「結構方程模型分析」的名稱太長，通常簡稱為「SEM」，讀成「sem」或「s」、「e」、「m」。

　　結構方程模型分析也常被稱為**共分散構造分析**。

■**具體範例**　在此省略。

小叮嚀！

　　結構方程模型分析屬於第40頁所介紹的「驗證型」分析方法，換句話說，其分析步驟如下：

　　①先建立假設。

　　②蒐集數據。

　　③進行分析。

　　不了解這一點的人，很容易陷入自我矛盾的情況：

　　・不知道有幾個潛在變數。

　　・不知道各潛在變數和觀測變數有什麼關係。

　　・不知道箭號該怎麼畫。

　　進行分析之前，必須清楚體認到「即使不知道答案，在步驟1先想清楚這些問題，是分析者進行結構方程模型分析時的必要任務」。

　　現在有一些很棒的結構方程模型分析軟體，對我們助益良多。不過有好必有壞，許多人都以為「結構方程模型分析很簡單」。結構方程模型分析並不簡單，我甚至認為結構方程模型分析比因素分析更難。作了結構方程模型分析卻找不出答案，往往是分析失敗的結果。因此，尤其是已經在公司行號上班的讀者，最好不要輕易告訴身邊的人（※尤其是客戶）：「這次我想挑戰結構方程模型分析」。

2. 其他

2.1 統計的假設檢定

統計的假設檢定的功能，是從樣本的數據推測分析者對母群體建立的假設是否正確，通常稱爲「檢定」。

正如我現在所說的，這是從樣本的數據推測分析者對母群體建立的假設是否正確的分析方法，絕不是「只要『p 值』小，統計上達到『信賴水準』，在數學上就沒有問題」或「以簡單方法爲分析結果掛保證」。有很多人對這種分析方法有這樣的誤會，初學者也應該注意。

「統計的假設檢定」並不是一種分析方法的名稱，而是總稱。統計的假設檢定有許多種類，包括：

- ・母平均差的檢定（※也就是「t 檢定」）
- ・獨立性檢定（※也就是「卡方檢定」）
- ・母比率差的檢定
- ・母變異數比的檢定
- ・Wilcoxon 檢定

■具體範例
・母平均差的檢定

推測「東京男性上班族每個月零用錢的平均金額」和「大阪男性上班族每個月零用錢的平均金額」是否不同

	地區	零用錢（日圓）	
A	東京	42500	
B	東京	40800	
C	東京	39400	平均41060日圓
D	東京	42800	
E	東京	39800	
F	大阪	38700	
G	大阪	40000	
H	大阪	38500	平均39260日圓
I	大阪	42100	
J	大阪	37000	

・獨立性檢定

推測母群體的「學校」和「最喜歡的藝人」的克萊姆（Cramer）關聯係數（※本書並未說明）是否為0，也就是「學校」和「最喜歡的藝人」彼此是否相關。

（單位：人）

		最喜歡的藝人				合計
		A	B	C	D	
種類	國中生	10	19	13	5	47
	高中生	13	8	15	16	52
	大學生	18	11	14	8	51
合計		41	38	42	29	150

小叮嚀！

不可以覺得，「看數字也知道東京男性上班族的零用錢比較多！」請注意表格內的數據是樣本的資訊，不是母群體。在此重新聲明，統計的假設檢定，是從樣本的數據推測分析者對母群體所建立的假設是否正確的分析方法。

雖然統計的假設檢定很有名，卻不如大家想像那麼容易，所以在此省略分析結果。

對統計的假設檢定有興趣的讀者請參閱《世界第一簡單統計學》（世茂）。

2.2　Kaplan-Meier分析法

Kaplan-Meier分析法是推算存活率的方法，Kaplan和Meier都是人名，前者是Edward Kaplan，後者是Paul Meier。

Kaplan-Meier分析法的特徵是，當分析者想知道肺癌病人的存活率時，可以利用下列數據推測：

- 在觀察期間，因為車禍之類（和肺癌無關）狀況而死亡的病人。
- 在觀察期間，轉診到其他醫院的病人。
- 在分析者設定的觀察結束時間點，依然活著的病人。

■具體範例

下表是肺癌末期病人開始接受化療之後的時間與觀察結果：

	距離開始接受 化療的時間 （個月）	治療結果	
A	17	1	← 死於肺癌
B	10	0	← 觀察結束時依然存活
C	15	0	← 死因和肺癌無關
D	20	1	← 死於肺癌
E	7	1	← 死於肺癌
F	6	0	← 轉診到其他醫院
G	9	1	← 死於肺癌
H	22	0	← 觀察結束時依然存活
I	8	0	← 死因和肺癌無關
J	24	0	← 觀察結束時依然存活

運用Kaplan-Meier分析法，可以得到下圖的結果：

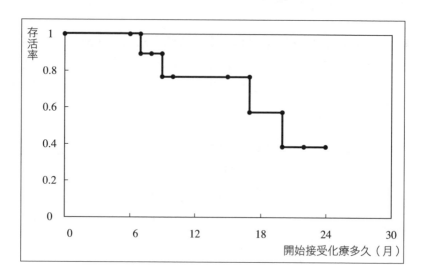

小叮嚀！

　　如具體範例，以Kaplan-Meier分析法推測某一群體的存活率，雖然不是壞事，卻有點可惜。實際上，也能以Kaplan-Meier分析法分別推測「服用X藥劑的病人群」、「服用Y藥劑的病人群」和「沒有服藥的病人群」的存活率，再以「對數秩檢定法」（Log-Rank Test）（※本書並未說明）判斷不同群體間是否有差異。

參考文獻

■第1章/第2章

- 内田治『すぐわかるEXCELによるアンケートの調査・集計・解析』（東京図書）1997
- 大谷信介/木下栄二/後藤範章/小松洋/永野武『社会調査へのアプローチ（第2版）－論理と方法－』（ミネルヴァ書房）2005
- 大谷信介編『これでいいのか市民意識調査 －大阪府44都道府県の実態が語る課題と展望－』（ミネルヴァ書房）2002
- 鎌原雅彦/宮下一博/大野木裕明/中澤潤編『心理学マニュアル 質問紙法』（北大路書房）1998
- 鈴木武/山田作太郎『数理統計学 －基礎から学ぶデータ解析－』（内田老鶴圃）1996
- 竹内光悦/元治恵子/山口和範『図解入門ビジネス アンケート調査とデータ解析の仕組みがよ～くわかる本』（秀和システム）2005
- 谷岡一郎『「社会調査」のウソ －リサーチ・リテラシーのすすめ』（文藝春秋）2000
- 土屋隆裕『社会教育調査ハンドブック』（文憲堂）2005
- 豊田秀樹『調査法講義』（朝倉書店）1998
- 好井裕明『「あたりまえ」を疑う社会学 質的調査のセンス』（光文社）2006

■第3章/第4章/第5章

- 足立浩平『多変量データ解析法 －心理・教育・社会系のための入門－』（ナカニシヤ出版）2006
- 内田治/菅民郎/高橋信『文系にもよくわかる多変量解析』（東京図書）2005
- 小塩真司『研究事例で学ぶSPSSとAmosによる心理・調査データ解析』（東京図書）2005
- 小野寺孝義/山本嘉一郎編『SPSS事典 －BASE編－』（ナカニシヤ出版）2004
- 菅民郎『多変量解析の実践（上）』（現代数学社）1993
- 芝祐順『因子分析法（第2版）』（東京大学出版会）1979
- 高橋信『マンガでわかる統計学【回帰分析編】』（オーム社）2005
- 高橋信『マンガでわかる統計学』（オーム社）2004
- 永田靖/棟近雅彦『多変量解析法入門』（サイエンス社）2001
- 南風原朝和『心理統計学の基礎 －統合的理解のために』（有斐閣）2002
- 松尾太加志/中村知靖『誰も教えてくれなかった因子分析』（北大路書房）2002
- 柳井晴夫/繁桝算男/前川眞一/市川雅教『因子分析 －その理論と方法－』（朝倉書店）1990
- 柳井晴夫/高木廣文/市川雅教/服部芳明/佐藤俊哉/丸井英二『多変量解析ハンドブック』（現代数学社）1986
- 山口和範/高橋淳一/竹内光悦『図解入門 よくわかる 多変量解析の基本と仕組み』（秀和システム）2004

索引

國家圖書館出版品預行編目資料

世界第一簡單統計學因素分析篇 / 高橋信著；
陳昭蓉譯. -- 初版. -- 新北市新店區：世茂，
2010.06
　　面；　　公分. --（科學視界　；　103）

ISBN 978-986-6363-52-8（平裝）

1. 統計分析　2. 因素分析　3. 漫畫

511.7　　　　　　　　　　　　　　99006057

科學視界 103

世界第一簡單統計學因素分析篇

作　　　者／高橋信
譯　　　者／陳昭蓉
主　　　編／簡玉芬
責任編輯／謝佩親
特約編輯／戴嘉宏
封面設計／江依玶
漫　　　畫／Trend Pro
製　　　圖／井上 Iroha
出 版 者／世茂出版有限公司
地　　　址／（231）新北市新店區民生路 19 號 5 樓
電　　　話／（02）2218-3277
傳　　　真／（02）2218-3239（訂書專線）、（02）2218-7539
劃撥帳號／19911841
戶　　　名／世茂出版有限公司
世茂網站／www.coolbooks.com.tw
排版製版／辰皓國際出版製作有限公司
印　　　刷／世和彩色印刷公司
初版一刷／2010 年 6 月
　　五刷／2018 年 6 月

Ｉ Ｓ Ｂ Ｎ／978-986-6363-52-8
定　　　價／280 元